Nudelholz

Bianca Mauche


Nudelholz



oder
"Hilfe, meine Schwiegermutter kommt!"

Bibliografische Information der Deutschen Nationalbibliothek:
Die Deutsche Nationalbibliothek verzeichnet diese Publikation in der Deutschen
Nationalbibliografie; detaillierte bibliografische Daten sind im Internet
über http://dnb.d-nb.de abrufbar

Herstellung und Verlag: BoD - Books on Demand GmbH, Norderstedt

ISBN: 9783848241279

# Widmung

Dieses Buch ist meinem Mann Reinhard
gewidmet, sowie meinen drei wundervollen
Kindern.
Nur durch ihr Verständnis war es mir erst
möglich, dieses Buch zu schreiben.

Ein besonderer Dank gilt meiner Freundin
Jessica, die sich die Mühe gemacht hat, nicht
nur als Lektorin einzuspringen, sondern auch
das Cover mitzugestalten.

# Inhaltsverzeichnis

Urlaub – oder oh weh, sie kommt mit!

Oh du fröhliche, oh du schreckliche – und andere
Festtage

Geschenke von der Schwiegermutter für die
Schwiegertochter

Männer, die armen Geschöpfe mittendrin

Scheidungsstatistiken oder sie wollen nur das beste!

Auf und Davon!

Nachwort

Danksagung

Über den Autor

# Ich bin so wie du – oder doch nicht?

Hallo ich bin Lisa und eigentlich, so wie Du, Du und Du! Ich bin jung, dynamisch und lebenslustig. Ich liebe das Leben und meinen Freund. Wir sind schon seit längerer Zeit zusammen und ich weiß, er ist der Richtige! Mit ihm möchte ich alt werden. Ich sagte, eigentlich, denn nun kommt der Haken. Ich bin verliebt, doch leider gibt es dabei einen Wehmutstropfen. Dieser nennt sich Schwiegermutter. Egal, was wir auch versuchen, es gibt immer wieder das Problem, das wir uns nicht verstehen. Ist das denn nur bei mir so oder haben auch andere solche Probleme? Ich beschließe mich in dieser Sache einmal umzuhören, denn mein Glück könnte perfekt sein, wenn sie nicht wäre.

Gesagt getan und schon mache ich mich auf den Weg, um mich mit meinen Freundinnen zu treffen. Wir sind in einem Cafe verabredet und schnell bringe ich das Thema auf den Punkt, dass es so nicht weitergehen kann und ich eine Lösung brauche. Doch nur welche?

Steffi, meine Freundin sagt: "Bevor wir das Problem lösen können, sollten wir uns mit dem Thema Schwiegermütter näher auseinandersetzen. Wer sind diese Frauen und was wissen wir so über sie?"

Ich finde die Antwort ist  schnell gefunden, denn Schwiegermütter sind die Monster, die uns das Leben schwer machen oder habe ich das falsch vestanden?

Damit wir neutraler an die Sache herangehen, habe ich beschlossen, das Internet zu Hilfe zu nehmen. Gesagt, getan. Kaum bin ich daheim, öffne ich mein Suchfenster und gebe das Wort "Schwiegermütter " ein.

# Schwiegermütter - ein paar Gedanken zu diesen Frauen

Schnell werde ich fündig und merke schnell, dass die Definition von Schwiegermutter gar nicht so leicht ist. Prinzipiell sind Schwiegermütter eigenartige Wesen, ihr Verhalten ist rätselhaft und manche ihrer Denkweisen sind einfach nur zum Kopf schütteln. Ich bin mir nicht ganz im Klaren, wozu sie eigentlich gut sind, aber sie sind - so wie die nervige Werbung im Briefkasten oder eine Erkältung - kaum zu umgehen.

Schwiegermütter gehören einfach dazu. Man kann sie im Normalfall in zwei Kategorien einteilen: da gibt es zum einen die lieben und netten Schwiegermütter, die man sich nur wünschen kann und zum anderen die bösen und gemeinen, die Schwiegerdrachen.
Mir selbst steht der Schwiegerdrache zur Verfügung, wie ich anhand der Darstellungen auf diversen Seiten schnell feststellen muss.

Um herauszufinden, ob nur ich das Problem habe, oder ob viele andere Frauen auch unter ihren Schwiegermüttern leiden, werde ich eine Umfrage im Bekannten- und Freundeskreis durchführen. Natürlich nur für die Statistik! Was ist mehr vertreten: die lieben und netten Schwiegermütter oder eher die Schwiegerdrachen.

Das Ergebnis hat mich stutzig gemacht. Sollten so viele wie ich unter den Schwiegermüttern leiden? Die Umfrage zeigte, dass fast jeder Dritte unter einem Drachen zu leiden hat.

Es wird Zeit, dass sich das ändert! Wir können nicht länger uns verkriechen und hoffen, dass die Männer uns unterstützen. Zumal mein Freund Tim, da eher gerne sich in sein Schneckenhaus verkriecht. Sobald es brenzlig wird, ist er weg. Oder aber er meint, ich soll mich nicht so aufregen. Männer eben!

Gut, der Entschluss ist gefasst, ich will mich wehren. Damit ich nicht alleine kämpfen muss, werde ich Steffi anrufen und sie um Hilfe bitten. Bestimmt kennt sie ein paar lustige Dinge, damit das Leben mit meinem Drachen angenehmer wird.

Ich rufe noch am selben Tag Steffi an und sie verspricht mir, dass sie mir helfen will. "Lehne dich zurück, Lisa und warte auf meine zahlreichen Tipps, die dir helfen werden, den feuerspeienden Drachen handzahm zu machen!"

Während ich auf Steffi warte, denn sie kann erst morgen kommen, suche ich noch ein wenig im Internet weiter und finde eine lustige Seite über das Thema "Namen unserer Schwiegermütter!" Das macht mich neugierig und ich hole mir einen Kaffee und genieße die aufmunternde Lektüre.

# Schwiegermütter und ihre Namen

Wie werden Schwiegermütter so gesehen?
Geht es um die Namen der Schwiegermütter,
geht es nicht um ihren weltlichen, sondern eher
um ihren Spitznamen den sie verpasst
bekommen.

Bei den lieben und netten Schwiegermüttern gibt
es nur selten welche, denn um dieses Sorte
Mutter muss man sich ja keine grauen Haare
wachsen lassen. Vielleicht gibt es ein paar, die
jedoch hier nicht aufgeführt werden, denn das ist
einfach lächerlich.

Ich habe nämlich mehr Namen für die bösen
und gemeinen Schwiegermütter gefunden. Wenn
diese Frauen so eine große Rolle in unserem
Leben spielen, brütet man schon mal ein
bisschen darüber, wie man sie wohl nennen
könnte. Aber nun zurück zu den Namen. Ich will
jetzt nicht mit einer ganzen Liste anfangen und
mich dabei noch langweilen, nein ich werde mir
nur nur die Top Fünf genauer ansehen und
bestimmt findet meine Schwiegermutter in einem
der genannten Namen wieder.

Auf Platz fünf befindet sich kein richtiger Name sondern eher eine Ausdrucksform für Schwiegermütter also eher noch was nettes. Es ist „die böse Schwiegermutter". Hierunter kommen noch die harmlosen Mütter, die zwar manchmal nerven und meckern aber im großen und ganzen friedlich wirken und auch sind.

Auf Platz vier hätten wir dann „seine Mutter" das klingt schon etwas abwertender und auch die Mütter sind nun nicht mehr so brav, und nerven nun öfters und bringen ab und zu uns zum kochen.

Auf dem dritten Platz hat es das „Schwiegermonster" geschafft. Es ist nicht nur nervig, sondern es ist schon furchtbar. Es muss immer alles besser wissen und wehe man befolgt nicht ihren Rat dann hat man ausgedient als Schwiegertochter.

Übertroffen wird das Schwiegermonster vom „Schwiegertiger". Sie fährt schon manchmal ihre Krallen aus und kann ganz schön wild werden, wenn es nicht nach ihrem Willen geht. Hat man sich solch einen Tiger gefangen ist die Zähmung so gut wie unmöglich.

Doch halt auf Platz eins tobt noch ein viel wilderes Ungeheuer. Es ist der „Schwiegerdrache". Hat man solch ein Exemplar zu Hause, dann braucht man einen Drachentöter um dieser Sorte Schwiegermutter Herr zu werden, doch da diese nun mal ausgestorben sind, heisst es nur kämpfen, kämpfen und sich nie unterkriegen lassen! Doch wie erkenne ich dieses Exemplar? Ganz einfach, es ist zickig, fährt immer seine Krallen aus und egal was wir sagen und wie gut wir es meinen, es ist immer falsch!

Hier noch mal die Top Five in der Übersicht:

Platz 1: Schwiegerdrache
Platz 2: Schwiegertiger
Platz 3: Schwiegermonster
Platz 4: Seine Mutter
Platz 5: Die böse Schwiegermutter

# Der Kampf beginnt

Der Text über die Namen der Schwiegermütter hat mich nicht nur amüsiert, nein er hat mich auch angespornt, nicht aufzugeben. Daher freue ich mich nun richtig auf das, was Steffi an Ideen mitbringt. Es ist 15 Uhr, als es endlich klingelt und Steffi vor der Tür steht. Wir machen es uns auf dem Sofa mit einem Latte Macchiato gemütlich und ich erzähle Steffi von der Top Five. " Auch, wenn deine Schwiegermutter in der Top Five dabei ist, heißt es nicht gleich den Kopf in den Sand zu stecken, Lisa. Ganz im Gegenteil, du musst immer das Gute sehen und dich nicht unterkriegen lassen. Es gibt viele Kämpfe auszutragen und nicht immer werden wir armen Schwiegertöchter als Sieger hervorgehen, aber ich sage dir, auch eine Niederlage kann dich stärker machen und der nächste Kampf geht dann an dich!"

Das sagt sie so einfach. Sie muss ja nicht ständig, diese Vorhaltungen sich anhören, oder sich beschimpfen lassen. Sie hat keine Schwiegermutter. Wie ich sie darum beneide. Aber gut, ich will den Kopf nicht in den Sand stecken, sondern kämpfen, daher frage ich zögerlich: "Wie soll ich mich denn gegen diese Gemeinheiten wehren? Es klingt leichter gesagt, als getan! Du weißt, wie aufbrausend sie sein kann, wenn ihr was nicht in den Kragen passt.

Kennst du denn Tricks oder Tipps, wie ich mich gegen solche Attacken wehren kann? Oder bin ich machtlos gegen Margot?"

Ach ja, Margot, ich hatte ganz vergessen, meine Schwiegermutter vorzustellen. Naja ein wenig kann man sich schon denken, wie sie ist, denn sonst würde ich nicht nach Lösungen suchen, um besser mit ihr auszukommen. Sie ist ein Vollweib und wenn sie den Raum betritt, dann hat man besser das zu machen, was sie sagt. Sie kann schnell aufbrausend werden und hat immer Recht. Ihr Mann Norbert, ist eigentlich ganz nett. Nur wenn ich es zu bunt treibe, dann kann auch er richtig ausrasten und gemein werden. Aber meistens liegt der Streit zwischen Margot und mir.

"Du bist nicht machtlos gegen Margot. Im Gegenteil du kannst dich wehren und das mit einfachen Mitteln." holt mich Steffi aus meinen Gedanken wieder heraus. "Lass uns den Kampf beginnen und ich werde dir dabei helfen!" sagt Steffi aufmunternt, als sie sieht, dass ich doch noch nicht so recht glauben kann, dass ich mich ab jetzt gegen jede böse Attacken wehren soll.

„Du wirst richtig Spaß dabei haben!" lacht Steffi

und schmiedet schon die Pläne. Spaß? Ich glaube ich habe mich verhört. Wie soll ich denn Spaß dabei haben? Aber gut, ich möchte Steffi eine Chance geben und höre mir ihre erste Idee an.

# Das Spiel

"Also das Spiel geht folgendermaßen.." beginnt
Steffi zu erklären. "Das Spiel?" frage ich entsetzt.
"Ich soll doch nicht etwa mit Margot spielen
gehen oder? " Was denkt sich Steffi bloß dabei.
Als ob ich mich hinsetzen würde und mit meiner
Schwiegermutter ein ruhiges Spiel spielen würde.
"Beruhige dich" unterbricht Steffi meinen
Gedankengang. "Es geht dabei um etwas ganz
anderes. Du sollst nicht mit ihr spielen, sondern
gegen sie!" Das verwirrt mich nun noch mehr
und ich lasse Steffi weiter erklären. Je mehr sie
redet, umso besser verstehe ich, um was es
wirklich bei diesem Spiel geht. "Das klingt
super!" rufe ich aus. Anstatt mit Margot zu
streiten, gehe ich nicht mehr auf Konfrontation,
sondern versuche sie anderweitig aus der
Fassung zu bringen. Sprich ich drehe nun den
Spieß um und lasse sie einmal nicht zu Wort
kommen. Ihre Waffen gegen sie! Das klingt
himmlisch. Sofort machen wir uns beide daran
eine Punkteliste aufzusetzen. Für jede Aktion, die
mit einer Reaktion von Margot belohnt wird,
soll es Punkte geben. So wird das Spiel
spannender und motiviert mich, auch wenn, es
einmal nicht gut ausgeht.

Während ich so mit Steffi die Liste aufsetze, bekomme ich doch ein schlechtes Gewissen. Ich erzähle Steffi davon. "Schlechtes Gewissen? Warum? Nimmt dich Tim in Schutz, wenn Margot über dich herfällt oder unterstützt er dich?" Ich schüttel mit dem Kopf. "Dann brauchst du auch kein schlechtes Gewissen haben" erklärt mir Steffi.

Der Nachmittag vergeht im Flug und schneller als gedacht ist die passende Liste erstellt:

Ihr etwas aus der Vergangenheit vorwerfen (10 Punkte)

Schnell zurückkontern (20 Punkte)

Schwiegermutter sprachlos werden lassen (35 Punkte)

Schwiegermutter zum Weinen bringen, was meist eh nicht ernst gemeint ist von ihr (45 Punkte)

Schwiegerdrache zum Schreien ( vor Wut) bringen (55 Punkte)

und wenn sie wütend das Haus verlässt: Jackpott! (100 Punkte)

Doch damit nicht genug. Steffi hat die Punkteliste noch weiter ausgeklügelt und einige Besonderheiten mit eingebaut. Immerhin soll es ja auch nicht zu einfach werden.

Sind bei dem Streit noch Gäste anwesend, wird die Summe, die sich aus den oben genannten Punkten zusammensetzt, verdoppelt.

Streiten wir uns gar an einem Feiertag, wie Ostern, Weihnachten oder an einem Geburtstag, dann wird die Summe vervierfacht. Ich bin schon auf den ersten Praxistest gespannt.

Es ist schon spät und so macht sich Steffi auf den Weg nach Hause. Keine zehn Minuten später klingelt es an der Tür.

Nanu, ich erwarte doch gar keinen Besuch mehr. Tim ist heute bei seinem Bruder und bleibt dort auch die ganze Nacht. Kaum habe ich die Tür geöffnet, trifft mich auch schon der Schlag. "Margot" grüße ich sie entgeistert. " Was tust du denn hier?" Sie schaut mich an, schiebt sich zur Tür herein und baut sich im Flur vor mir auf.

Unser Flur ist nicht sehr groß und so sind wir uns relativ nah. Wie ich solche Situationen hasse. Sie fragt nicht mal, ob sie rein darf, nein sie geht einfach hinein. "Na was wohl? Meinen Sohn besuchen!" Ihren Sohn besuchen. Natrülich habe ich komplett vergessen. Dabei war sie doch erst gestern da und vorgesten und so weiter. Eigentlich ist sie ja ständig hier. Doch warum heute? Sie müsste doch wissen, dass Tim nicht da ist. "Tim ist nicht da" sage ich nur und hoffe, dass sie nun auch wieder geht. "Wo ist er denn? Hattet ihr wieder Streit oder warum ist er so spät noch nicht daheim?!" Boah ich platze gleich. Das geht sie gar nichts an. Erstens ist es unsere Sache, wenn wir uns streiten und zweitens ist es noch nicht so spät. Gerade einmal acht Uhr. Ich bleibe ruhing und denke an die Liste. Ja ich werde das Spiel gleich jetzt testen und ihr daher gekonnt antworten: "Streiten? Wie kommst du denn darauf? Wie streiten uns doch nie. Das bist doch immer nur du!" Wumms das hatte gesessen. Sie sieht mich entsetzt an, doch schnell hat sie sich wieder gefangen. 20 Punkte für mich. "Natürlich streitet ihr euch ständig. Ich weiß es doch, immer wenn ich da bin, gibt es ja auch Streit.!" "Ja aber nur wegen dir!" kontere ich schnell zurück. Das sind jetzt schon 40 Punkte, oder? Damit ich aber nun meine Ruhe habe sage ich noch dazu: "Tim ist bei Ben und kommt erst morgen wieder."

Doch Margot lässt immer noch nicht locker.
"Wieso ist er bei Ben? Hast du ihn etwa vor die
Tür gesetzt?" Jetzt reicht es mir aber. Als ob ich
Tim jemals vor die Tür gesetzt habe. Es stimmt,
dass wir öfter einmal streiten, aber doch immer
nur wegen Margot. "Nein, er hilft ihm beim
Motorrad.!" sage ich und öffne dabei die Tür.
"Gute Nacht Margot." Endlich sie hat den Wink
verstanden und geht murrend zur Tür. Ich
schließe sie so schnell wie möglich, nicht dass sie
sich es doch noch anders überlegt. Puh
geschafft! Ich finde, ich habe mich wacker
geschlagen. Sonst bin ich immer gleich
explodiert, doch heute fand ich, war ich noch
recht gelassen. Das Spiel bringt wirklich etwas
und es hat Spaß gemacht.

Ja ich liebe es. Es macht so viel Spaß das Spiel
zu spielen. Ich bin noch ganz sprachlos und
gleichzeitig auch glücklich über meinen kleinen
Erfolg. Ich habe gesiegt und 40 Punkte erzielt.,
Ja das kann man als kleinen Sieg ansehen und
ich fühle mich gleich viel besser. Ich bin so
motiviert, dass ich das Gefühl habe, es noch
einmal spielen zu wollen. Macht das süchtig?
Kann das sein? Schon nach einer Runde so ein
Glücksgefühl?

Doch was lässt mich dieses Spiel als so großartig empfinden und warum werde ich bloß süchtig danach und möchte es immer und immer wieder spielen? Vielleicht liegt es daran, dass es mich freut, wenn Margot aus der Fassung gerät? Nun auf jeden Fall macht es eine Menge Spaß, auch wenn Tim das etwas anders sehen wird. Doch ihm erzähle ich davon lieber nicht. Auch Margot würde ausrasten, wenn sie von meinem Spiel erfahren würde. Ob es unser tolles Spiel bis ins Fernsehen schaffen würde?

Steffi wird sich freuen, wie gut ich mich geschlagen habe. Wie gut war ich denn? Steffi hat noch eine Skala erstellt, auf der ich erkennen kann, wie gut oder schlecht ich war.

sehr gut gegen Deine Schwiegermutter, aber keine Angst, das wird noch!

50 – 100 Punkte: Hey du wirst ja immer besser, bald kann dir der Schwiegerdrache nichts mehr anhaben!

Punktezahl, aber das geht doch  noch besser, oder nicht?

500 – 1000 Punkte: Mensch bei dir hat deine Schwiegermutter aber nichts mehr zu lachen, oder? Mach weiter so!

 1000 Punkte: Nun du hast es geschafft, deine Schwiegermutter hat wohl nichts mehr zu lachen bei dir, oder? Kommt sie denn noch zu Besuch?

Ok, es war ja nur eine einfache Auseinandersetzung und es gab ja nur für ein paar Dinge Punkte. Aber ich finde mit 40 bin ich dennoch noch ganz gut. Es war ja mein erstes Spiel. Ich werde es weiter ausbauen und mir noch mehrere Dinge ausdenken, auf die es Punkte geben wird.

# Der Dauerbesuch

So jetzt kann ich meinen freien Abend genießen. Ich habe noch eben Steffi angerufen und ihr mein Ergebnis erzählt. Sie war jetzt nicht so stolz wie ich, aber sie ist ja auch strenger. Und 40 Punkte, sind eben nicht 100 oder mehr. Während ich mit ihr sprach, wollte Steffi wissen, was Schwiegermutter denn eigentlich wieder bei mir wollte. Das ist eine gute Frage, was wollte sie denn schon wieder von ihm? Jeden Tag steht sie jetzt schon fast vor der Tür. Muss ich immer aufmachen und sie dann auch noch hereinbitten?

Falls ich jedoch versuche, sie nicht hereinzubitten, kann es passieren, dass sie wieder einmal stinksauer wird oder sie schon im Flur steht bevor ich es überhaupt merke, sowie vorhin. Was sie eigentlich wollte, ist auch nicht deutlich zu erkennen gewesen, denn Tim ist nicht da und eigentlich wollte ich in Ruhe mein Buch lesen.

Aber das ist ständig so. Meist nutzt sie das aus, wenn Tim nicht da ist und schon steht sie im Flur. Da ich sie nicht immer so leicht abwürgen kann, wie heute, muss ich mich dann mit dem Drachen abgeben. Dabei ist es nicht immer leicht, auch noch ein Gesprächsthema zu finden. Hinzu kommt die Frage: Soll ich einen Kaffee anbieten oder nicht? Lade ich sie auf eine Tasse ein, dann heißt es nur: „Nein danke, ich habe gerade erst Kaffee getrunken!"

Egal was ich ihr dann anbiete, sie wird es ablehnen. Aber das Schlimmste daran ist, dass sie Tim später erzählen wird, wie unhöflich ich war und ich ihr nichts angeboten habe. Ja sie wird jammern, dass sie hier nicht erwünscht sei. Ok, da hat sie ja recht, doch Tim soll ja davon nichts merken. Man könnte ja glauben, wenn Margot sich hier nicht wohlfühlt, dann kommt sie auch nicht mehr. Doch leider hat das bis jetzt nicht funktioniert. Wie gesagt, man kann es ihr ja nie recht machen!!

Wenn ich jetzt glauben könnte, dass sie morgen nicht mehr kommt, dann habe ich mich geirrt, im Gegenteil, ich kann wetten, dass sie morgen wieder vor der Tür steht.

An den folgenden Tagen werde ich immer wieder Besuch von ihr bekommen. Naja wenigstens spare ich Kuchen und Getränke, denn wie heißt es so schön? NEIN DANKE!

Aber Margot kann auch anders und zwar unternimmt sie das gerne, wenn ich nicht zu Hause bin und nur Tim da ist oder wenn wir beide vor Ort sind. Sie schleicht dann im Haus herum. Natürlich nicht die spitzen Bemerkungen zu vergessen, wie " Die Blumen könnten auch mal wieder Wasser vertragen!", während sie den Finger aus der Erde zieht. Es ist dabei unerheblich, dass ich die Blumen vielleicht erst einen Tag vorher gegossen habe.

Oder sie kommt rein und ehe ich mich versehe beginnt sie zu putzen ohne aufgefordert zu werden! Nina eine Freundin von mir, findet das toll. Sie sagt, das es doch ganz praktisch sei, dann muss ich es nicht selbst erledigen. Tja da kennt sie aber Margot falsch.

Sie hat dabei zwei Hintergedanken. Zum einen kann sie dann alles durchschnüffeln und zum anderen über uns herfallen.  Wie das geht? Nun sie geht zu meinen Nachbarn oder ihren besten Freunden und erzählt herum, wie dreckig es bei uns ist und der arme Tim darin leben muss. Sie musste ja wieder mal bei uns putzen! Und wer wohl mit „sie" gemeint ist, kann man sich wohl denken, oder nicht?

Also wie gehe ich in Zukunft weiter vor? Lasse ich sie rein oder nicht? Wieso muss sie uns andauernd besuchen? Kann sie nicht einmal jemand anderes nerven, vielleicht ihren Mann?

Auch bei Tim stoße ich auf taube Ohren, wenn es um ihre dauernden Besuche geht. Sobald ich ihm damit ankomme, höre ich immer wieder die gleiche Antwort: "Lass sie doch! Was hast du denn nur dagegen? Sei doch froh, dass sie dir hilft und du nicht den ganzen Tag allein bist!" Typisch Mann sag ich da nur, die haben ja das Problem nicht wie ich, oder sind sie den ganzen Tag daheim und lassen sich von ihrer Schwiegermutter berieseln? Bestimmt nicht, sobald Tim meine Mutter sieht, verzieht er sich auch schnell in den Keller oder in die Werkstatt. Aber wehe, ich komme auf solche Gedanken. Ich werde morgen einmal mit Steffi darüber reden, denn so kann es nicht weitergehen. Da sie ja täglich vor der Tür steht, ist es nicht verwunderlich, wenn ich immer gereizter werde. Das merkt sie ja nicht, aber wenn ich Margot sagen würde, dass sie nervt, dann kommt es eher wieder zum Streit, aber sonst ändert es die Lage auch nicht. Doch das will ich vermeiden, obwohl das Spiel von Steffi auch viel Spaß macht, aber wie gesagt, dass ist ja nicht Ziel meines Kampfes gegen Margot.

Am nächsten Morgen bin ich mit Steffi beim Frühstück verabredet. Da Tim erst später kommt, gönne ich mir den freien Samstag und genieße den Kaffee und die leckeren Brötchen. Ich erzähle Steffi von meinen gestrigen Gedanken und dem Thema Dauerbesuch und was ich tun kann, damit die Luft nicht immer so dick ist, wenn sie da ist. "Also kommt Margot wieder einmal zu Besuch, nun dann verwickel sie einfach in ein Gespräch und (ja es muss sein) dann erzählt ihr so nebenbei, dass ihr die nächsten Tage viel unterwegs seid, immer spontan, je nachdem wann die beste Freundin, also ich, Zeit für ein Treffen hat. Wer sagt denn, dass du auch wirklich jeden Tag nicht daheim bist? " schlägt Steffi als erste Strategie vor. "Hm, das macht sie aber nicht immer mit. Das hat sie doch schnell raus, wann wir da sind und wann nicht." gebe ich zu bedenken. "Kommt sie immer zur gleichen Zeit? Wenn ja, dann kannst du genau um diese Zeit dann woanders sein. Ok, das klappt warscheinlich die ersten Male und dann wird sogar Margot es kapiert haben." Ja da hat Steffi recht. Ich muss mir etwas ausdenken, denn sonst habe ich nie eine Verschnaufspause vor ihr. Ich verabschiede mich und gehe nach Hause. Tim ist bestimmt auch schon daheim und wir planen einen erholsamen Abend.

Kaum daheim erfahre ich, dass Margot schon

wieder da war. „Was wollte sie denn?" frage ich Tim. "Ach nichts besonderes, nur ob alles in Ordnung ist und ob wir uns gestritten haben." antwortet mir Tim. "Aber das habe ich ihr doch gestern schon gesagt" werfe ich ein. Ich beschließe nicht weiter darauf einzugehen, denn sonst explodiere ich noch. So koche ich Spaghetti und wir lassen uns die Nudeln schmecken. Danach legen wir uns gemütlich aufs Sofa und sehen fern. Margot taucht heute bestimmt nicht mehr auf, denn sie war ja schon da und hat mit ihrem heißgeliebten Tim gesprochen.

Endlich Feierabend!

# Mästen bis zum Umfallen oder „Der arme Junge sieht so verhungert aus!"

Es klingelt. Ich sehe auf den Wecker und wunder mich, wer so früh schon vor der Tür stehen könnte, immerhin ist es erst acht Uhr und das am Sonntag. Ich gehe also im Schlafanzug und komplett verschlafen zur Tür und öffne sie. "Wieso bist du denn noch nicht angezogen?" begrüßt mich Margot und steht schon wieder im Flur. Wie ist sie denn dahin gekommen? Ich bin einfach noch zu müde für solche Dinge. "Margot, es ist acht Uhr, was willst du hier?" "Na was wohl? Ich bringe Frühstück für den armen Jungen, damit er was zu Essen hat" und verschwindet ungefragt in der Küche. Ich schlurfe zurück ins Schlafzimmer und wecke Tim. "Deine Mama ist hier". Ich verkrieche mich unter die Decke und will nichts weiter wissen.

Als ich mich dann um zehn aus dem Bett erhebe, merke ich die Ruhe. Margot ist wieder weg, welche eine Freude. Ich frühstücke und genieße die Ruhe. Tim ist auch dabei und meinte, dass seine Mama gleich wieder weg sei. Gut so! Wir genießen die Ruhe und ich nippe an einem weiteren Kaffee und lese meinen Roma weiter. Es ist 11 Uhr, das Telefon klingelt. Tim geht ans Telefon und als er auflegt, ahne ich es schon. Es hat mit Margot zu tun. Eigentlich hat es immer mit Margot zu tun, wenn das Gespräch nicht für mich ist!

Essen bei Schwiegereltern steht an. Juhu, ich jubel innerlich, denn nun darf ich mir wieder anhören, wie dünn ihr armer Junge geworden ist, und dass sie unbedingt wieder mehr für ihn kochen muss.

Was für eine Freude! Hat man eine Schwiegermutter, die gut kochen kann, dann ist dieses Treffen wenigstens noch einigermaßen zu überleben, aber wehe sie kann es nicht, dann wird der nächste Besuch wieder ein Akt des Überlebens! Margot kann nicht besonders gut kochen und so wird es wieder ein Akt für mich, denn dann heißt es wieder gute Miene machen.

Leider darf ich ihr nicht sagen, dass es nicht schmeckt, denn dann würde Tim sauer werden und das möchte ich gerne vermeiden. Wie blöd wäre das denn vor der Schwiegermutter. Die Blöße gebe ich mir ganz bestimmt nicht.

Wir machen uns also gegen Mittag auf den Weg und schon im Wagen bange ich, was es wohl diesesmal zum Essen geben wird. Kaum bin ich in der Höhle des Löwen angekommen, heißt es auch gleich: „Ach mein armer Junge, wie du nur wieder aussiehst, bist ja richtig mager geworden!" Und schon ernten ich einen vernichtenden Blick von Margot. Und was macht Tim? Er lächelt nur seine Mama an, anstatt ihr zu sagen, dass er daheim auch genug zu essen bekommt. Was für eine herzliche Begrüßung! Ich habe Glück, denn das Essen heute ist sogar ganz in Ordnung. Wir bleiben bis zur Nachspeise und dann schaffe ich es unter dem Vorwand Kopfschmerzen, dass wir wieder fahren. Solche Treffen sind noch relativ harmlos, außer sie häufen sich.

Zum Glück ist das nicht täglich, denn sonst kann das schnell zur Qual werden.

Der Sonntag ist rum und der Alltag hat uns wieder. Eigentlich, doch diese Woche hat Tim frei. Tim arbeitet normalerweise in einer Marketingagentur, doch diese Woche hat er sich Zeit genommen, sodass wir in Ruhe entspannen können. In den Urlaub fahren wollten wir nicht, sodass wir beschlossen haben, es uns auf dem Balkon gemütlich zu machen. Gerade liege ich mit meiner spannenden Lektüre im Liegestuhl als es klingelt. Tim geht und wen höre ich da schon von weitem? Margot!

Kann sie uns denn nie in Ruhe lassen. Sie hat gekocht und wollte es nur vorbeibringen, höre ich sie sagen. Na toll, schon wieder Essen von ihr. Tim nimmt es und ich höre, wie sie wieder geht. Gott sei dank. Es ist sogar genießbar und ich sage daher nichts weiter.

Es ist Dienstag und wieder Mittagszeit. Ich dachte, ich höre nicht richtig, als es um elf schon wieder an der Tür klingelte und Schwiegermutter erneut mit Essen vor der Tür stand. Wie darauf reagieren? Zu erst nehme ich es einfach hin, dass sie für uns gekocht hat und danke ihr dafür, denn immerhin sparen wir uns ja das kochen. Bekommen wir nun schon zum zweiten Mal das Essen, versuche ich immer noch lieb und nett zu bleiben. Sollte sich das nun auf täglich ausbreiten, ist es schon zu spät etwas dagegen zu unternehmen, denn dann kann es ohne Schaden nicht mehr beendet werden. Während ich den Gedankengang gehe, fällt mir auf, dass ich sofort was unternehmen sollte. Doch Tim war schneller und ehe ich was sagen kann, ist Margot auch schon wieder weg und Tim steht mit zwei Schüsseln voller Essen da. Ich beschließe morgen etwas dagegen zu unternehmen.

Es ist Mittwoch und Tim hat sich mit einem Freund verabredet. Wie ich es mir dachte, klingelt es um 11 Uhr wieder an der Tür. Pünktlich auf die Minute, das muss man ihr lassen. "Hallo Margot" sage ich, als ich ihr die Tür aufmache. "Wo ist denn Tim?" werde ich gleich von ihr wieder angeblafft. "Der ist nicht da!" antworte ich so ruhig wie nur möglich. "Hier ist das Essen, das ich für meinen Jungen gekocht habe!" sagt sie und schiebt mir die Schüsseln in die Hand. Jetzt oder nie. "Danke Margot, dass ist wirklich lieb von dir. Ab morgen musst du aber nicht mehr kochen, da koche ich dann wieder." "Ach koche ich nicht gut für euch? Schmeckt es nicht? So was undankbares!"schimpft Margot und geht. Na super, das kann ja heiter werden. Sie wird dann gleich heute abend Tim anrufen und rumheulen, wie undankbar ich doch bin. Zwar kam es nicht zum Streit, aber sie ist dennoch nicht wirklich friedlich abgedampft. Ob ich dafür 100 Punkte bekomme? Ich glaube schon, doch so richtig freuen kann ich mich nicht, denn das wird heute abend kein gutes Ende nehmen. Als am Abend Tim nach Hause kommt, sage ich ihm gleich, was los war, so ist er wenigstens vorgewarnt, wenn der Anruf kommt. Er kommt und zwar punkt sechs Uhr. Das Telefonat dauert lange und ich höre, wie Tim ihr zu erklären versucht, dass es nicht böse gemeint war.

Eine Woche ist nun seit dem vergangen und sie hat sich kaum blicken lassen. Ist wohl noch eingeschnappt wegen dem Essen. Naja eigentlich hat sich das nur mit dem Essen erledigt, denn nun hat sie eine andere Möglichkeit gefunden, mich zu nerven. Jetzt schon fast täglich, außer Mittwoch und am Samstag kam nichts, erhalten wir 2 Brezen, 1 Seele, ein Schokocroissant und ab und zu ein normales Croissant. Und letzten Donnerstags gab es dann noch frische Wurst vom Metzger. Nun, am Anfang war es noch richtig nett von ihr, uns mit leckeren Sachen zu verwöhnen, doch irgendwann finde ich, kann man das nicht mehr sehen, es ist nichts mehr Besonderes und da es überhaupt keine Abwechslung zu dem Ganzen gibt, wurde es auch schnell sehr eintönig. Aber wie sage ich das nun wieder Margot? Immerhin habe ich ja erst ihr Mittagessen verschmäht. Es ist wirklich nicht einfach und so versuche ich Hilfe bei Steffi zu finden.

Doch auch sie teilte mir im Telefonat mit, dass es keine Möglichkeit gibt, dass ohne Streit zu beenden. Also gut, ich werde den direkten Weg gehen. Als Margot am Abend wieder einmal vor der Tür stand, um ihren Tim zu besuchen sagte ich zu ihr: "Du Margot, bitte bringe ab morgen keine Sachen vom Bäcker mehr." Sie wird richtig rot im Gesicht und brüllt mich an: "Du undankbares Weibsbild!", dreht sich um und geht. Ich kann es nicht fassen, ich habe ihr Kontra gegeben und sie ist weg. Tim hat nichts mitbekommen, sodass ich keinen Streit von seiner Seite zu erwarten habe. Zwei Fliegen mit einer Klappe konnte ich schlagen. Zum einen kommt sie vorläufig nicht mehr und zum anderen können wir endlich wieder was anderes essen.

Es ist Donnerstag und ich habe mich mit Nina und Steffi zum Kaffee trinken verabredet. ich erzähle ihnen gleich, was gestern wieder los war und höre erstaunt, was Nina mir zu erzählen hat. "Es gibt jedoch eine Kompromisslösung, die ich mit meiner Schwiegermutter ausgemacht habe. Wir wechseln uns wöchentlich mit dem Kochen ab. Einmal bin ich dran und die darauf folgende Woche meine Schwiegermutter. Leider kann sie nicht gut kochen, meistens gibt es immer das Gleiche. Doch ich sage nichts, denn Schwiegermutter ist seit dem guter Laune." Ich könnte mit solch einem Kompromiss nicht leben und auch Steffi stimmt mir zu, dass dies ihr auch zu anstrengend wäre. So bin ich dann doch zufrieden, wie ich das gestern geregelt habe, denn so kann ich endlich wieder meinen Herd zum Kochen verwenden. Tim hat sich zwar gewundert, warum seine Mama nicht mehr kocht, aber er hat dann sich doch gefreut, als das erste Essen wieder von mir auf dem Tisch stand. Natürlich ist es toll den Luxus genießen zu können, sich keine Gedanken zu machen, was man kocht, doch ich liebe kochen und daher mag ich diesen Luxus vielleicht einmal im Monat aber nicht täglich.

# Das Telefon oder „Oh nein, sie schon wieder!"

Steffi ist gerade zu Besuch, als das Telefon klingelt. Arglos gehe ich ran und schon habe ich es gleich wieder einmal bereut, denn wer ist mal wieder am Apparat? Ja, erraten, meine geliebte Schwiegermutter. Was sie wohl schon wieder will? Wann hat sie das letzte Mal angerufen? Vor einer Stunde? Sie kann es nicht lassen, ständig ruft sie an.

"Wie reagiert denn dein Schwiegerdrache, wenn du ans Telefon gehst?" fragt mich Steffi, nachdem ich den Hörer an Tim weitergereicht habe und er das Zimmer verlassen hat. "Wieso?" frage ich verwirrt. "Na macht deine Schwiegermutter erst eine Pause am Telefon, ehe sie sich meldet?" ich überlege kurz. "Ja meistens, wieso fragst du?" Steffi lächelt. "Nun dann habe ich einmal einen lustigen Tipp für dich. Ruft Margot wieder einmal an, und es entsteht eine Pause, nachdem du dich am Telefon gemeldet hast, dann legt doch einfach mal auf. Sie wird das nicht noch mal machen, und du hast dir auch gleich wieder ein Telefonat gespart, denn sie wird so sprachlos sein, dass sie nicht gleich wieder zurückruft!" Ich denke über Steffis Idee nach. Das klingt lustig und ich glaube, ich werde das einmal ausprobieren. Was kann schon passieren?

Bei Streitigkeiten lege ich ja auch immer auf, denn die sind mir am Telefon einfach zu blöd.

"Wo wir schon wieder beim Thema Spaß wären." unterbricht Steffi meine Gedanken. Hast du eigentlich schon einmal die Zeit deines Telefonats mit dem Schwiegertiger gestoppt?" "Nein, warum sollte ich auch?" frage ich sie verwundert. "Nein? Nun dann wird es mal Zeit oder nicht? Auch hier habe ich mir mal eine Zeitskala, als ein weiteres Spiel einfallen lassen." erklärt mir Steffi und zieht einen Zettel heraus, auf dem folgendes aufgelistet ist:

deine Schwiegermutter los zu werden!

gewesen sein, oder?

Streit gehandelt oder was gab es da so Wichtiges noch zu besprechen?

 zehn Minuten: Schleimerin! Wer hat jetzt hier wen eingewickelt? Bist du sicher dass du und sie dich nicht leiden kann? Oder wieso war das so lange?

Ich muss lachen, das ist wirklich eine lustige Liste. Ja die werde ich beim nächsten Telefonat, wohl dann morgen, ausprobieren. "Wie du siehst, kannst du auch am Telefon deinen Spaß mit Schwiegermutter haben!" muntert mich Steffi auf. "Ich könnte auch gar nicht ans Telefon gehen, denn ich sehe meistens am Display, wer anruft." erwidere ich.

"Keine gute Idee, Lisa!" Steffi schüttelt den Kopf. "Das kannst du vielleicht zwei oder dreimal machen und wenn sie euch dann nicht erreichen kann, dann wird sie schneller als du denkst, hier vor der Tür stehen. Was ist dir lieber, Lisa? Ein kurzes, knappes Telefonat oder einen Streit an der Haustür, warum ihr nicht ans Telefon geht?" Steffi hat Recht, denn wenn Margot herkommt, dann bekommt es Tim mit und dann gibt es wieder Streit mit ihm und ihn wollte ich ja eigentlich aus der ganzen Sache heraushalten. Gut, dass ich Steffi habe, sie ist auf meiner Seite und ermuntert mich immer wieder.

# Du bist an allem Schuld!

Tim ist krank. Es ist nichts dramatisches, im Gegenteil, er hat sich nur eine Grippe eingefangen. Er liegt im Bett und schläft, während ich arbeite. Zum Glück kann ich dies von zu Hause aus, sodass ich mich um ihn kümmern kann. Wie zu erwarten klingelt es an der Tür. Ich kann mir schon denken, wer dahinter steht. Richtig, es ist Margot mit einer Schüssel Suppe in der Hand. Woher wusste sie denn nun schon wieder, dass er krank ist? Sie wohnt doch ein ganzes Stück entfernt von uns. Aber gut, ich lasse sie rein. "Du bist Schuld, dass mein armer Tim so krank ist!" zischt sie mich an und verschwindet mit der Suppe im Schlafzimmer.

Diesen Satz liebe ich! Ja ich höre ihn so oft, dass ich mir schon überlegt habe, ihn mir als zweiten Namen anzulegen. Ist es nicht schön ein Sündenbock zu sein?

"Du bist an allem Schuld!" Ob Tim eine Grippe hat, den Job verliert, sein Auto nicht anspringt, er dünner geworden ist, ich bin immer an allem

Schuld. Ja, ich habe so eine böse Aura, dass nur meine bloße Anwesenheit das schon bewirkt. Ob ich hierfür eine eigene Fernsehshow erhalte? Wohl eher nicht!

Es ist unerheblich ob ich wirklich schuld bin oder nicht, dass interessiert hier keinen, wichtig ist nur, einen Schuldigen gefunden zu haben. Ja es könnte sogar passieren, dass ich wohl bald für das Wetter, für die Wirtschaftslage, für das schlechte Essen oder für die schlechte Laune von ihr verantwortlich bin. Obwohl Letztere vielleicht stimmen könnte. Aber das würde ich ja auch gerne zugeben!

Doch wieso bin eigentlich ich immer an allem Schuld? Liegt es daran, dass ich ihren heißgeliebten Sohn erwählt habe, was ihr nicht passt und nun ihr Sohn mehr auf mich hört, statt auf sie? Vielleicht kommt sie damit nicht klar und nun braucht sie ein Ventil um ihren Frust loszuwerden. Aber nicht mit mir und so beschließe ich, das Feld zu räumen. Ich verabrede mich mit Steffi, um den Grund herauszufinden, warum eigentlich immer ich Schuld bin und wie ich diese Einstellung von Margot ändern kann.

Gesagt, getan und so sitze ich eine halbe Stunde später mit Steffi im Kaffee. Ich lasse meinen Frust heraus und erzähle Steffi alles. "Weißt du, am

Schlimmsten für Margot ist es, wenn bei einem Streit Norbert, also mein Schwiegervater, auch noch auf meiner Seite ist, dann ist sie erst richtig gefrustet und dann kann es nur einen geben: die böse Schwiegertochter! Dann wirft sie mir vor, ich hätte ihren Mann verführt und nun kommt sie damit nicht klar, schiebt mir die Schuld in die Schuhe, damit sie aus dem Schneider ist." ende ich wütend meine Geschichte.

"Kannst du dich denn nicht wehren? Oder etwas dagegen tun?" fragt Steffi mich. "Leider nein, denn egal was ich versuchen würde, es könnte das Ganze schlimmer machen. Nun eine Lösung gebe es, aber das würde ich auf keinem Fall durchführen, ist auch nur einen Überlegung.." beginne ich. "Und die wäre?" hakt Steffi nach. " Dass ich Tim verlasse, doch dann hätte Margot gewonnen und diesen Gefallen mache ich ihr nicht!" erwidere ich. "Lieber bin ich weiterhin daran schuld, dass er durch die Prüfung gefallen ist, er Stress in der Agentur hat oder noch immer bei mir ist, obwohl wir uns regelmäßig wegen seiner Mutter streiten." Ich bin deprmiert. Allein nach diesen Worten, die aus meinem Mund kamen, merke ich, wie sehr mich das quält, wie das Verhältnis mit Margot und mir ist.

"Dann sei doch einmal mutig!" meldet sich da Steffi wieder zu Wort. "Und wie?" frage ich nach. "Du könntest doch im nächsten Streit, wenn sie dir wieder vorhält, du seiest an allem Schuld, fragen, warum Du immer an allem Schuld bist." Mich würde die Antwort sehr interessieren, aber ich bezweifle stark, dass ich hierauf eine ehrliche Antwort bekommen werde. Wohl eher nicht. Sie wird mir wie immer ausweichen und fragen, wie ich auf so einen Blödsinn komme. "Ich glaube, das ist ein Rätsel für sich, Steffi, deren Lösung wir nie herausfinden werden."

# Geldgeil

Ich liebe meinen Beruf. Ich habe mich vor ein paar Jahren selbständig gemacht und arbeite daher von zu Hause aus. Ich bin Grafikdesignerin und die Arbeit bereitet mir viel Freude. Das Geld könnte manchmal etwas mehr sein, doch bei unseren beiden Gehältern reicht es vollkommen aus, um gut leben zu können. Wir sind gerade auf der Suche nach einem zweiten Auto und sind daher heute unterwegs, um uns einige Exemplare anzusehen. Einige Favouriten habe ich bereits, doch der Preis muss ebenfalls passen. Kaum kommen wir am Abend heim, erwartet uns auch schon Margot. Tim unterhält sich gerade mit Norbert, als Margot ankommt und mich anzischt: "Na brauchen wir nun auch ein eigenes Auto? Mein armer Sohn muss das wieder zahlen. Nur, weil du so hinter seinem Geld her bist. Der arbeitet sich ja noch zu Tode, wegen dir. Du bist sowas von Geldgeil!" Völlig verdattert lässt sich mich stehen und geht zu ihrem Mann. Eigentlich bin ich das schon gewöhnt, immer wieder werde ich als Geldgeil bezeichnet, daher kann ich schon sagen, dass ich mich daran gewöhnt habe.

Im Grunde liebe ich dieses Thema! Ja wirklich,

denn da sehe ich einmal mehr, welche Meinung sie von mir hat. Ich bin ein geldgeiles Weib, dasss sich an ihren armen Sohn heranmacht! Oder habe ich da was falsch verstanden?

Seitdem Tim mehr Geld verdient als ich geht das schon so. Zudem besitzt er noch ein Grundstück, welches ich schon in Gedanken mit einem Haus verplant habe. Allein das reicht schon aus, dass Margot denkt, ich sei nur hinter dem Geld her. Dass Liebe jedoch im Spiel ist, das glaubt sie nicht.

Ich habe erst mit Steffi darüber geredet und sie meinte, dass es vor der Hochzeit noch harmlos ist, doch wenn wir heiraten, dann kommen die Probleme erst, insbesondere, wenn wir wirklich ein Haus auf dem Grundstück bauen wollen. Margot würde es nicht gutheißen, wenn ich im Grundbuch mit drin stehe, denn bei einer Trennung, davon geht ja Margot immer noch aus, müsse man mich ja noch auszahlen. Aber gut, das ist vorerst noch nicht geplant und daher ist das noch kein aktuelles Thema. Dennoch ärgert es mich. Ich hatte mich so auf das Auto gefreut und nun möchte ich es schon gar nicht mehr haben.

Es ist wieder Mädelsabend und so mache ich mich ein wenig betrübt auf zu Nina. Sie erkennt sofort, dass etwas nicht stimmt und erzählt mir, dass sie auch gerade Stress mit ihrer Schwiegermutter hat. Nina ist erst Mama geworden und wollte eigentlich wieder arbeiten gehen. Ihr Mann jedoch bat sie daheim zu bleiben und sich um den Nachwuchs zu kümmern. Nina ging darauf ein und schon hielt ihre Schwiegermutter ihr vor, dass sie faul sei und ihr armer Sohn doppelt soviel nun arbeiten muss, damit er alle ernähren kann.

"Naja einen Trost hat deine Schwiegermutter ja noch, Nina" versucht Steffi uns aufzumuntern. "nach neuer Gesetzeslage geht eine Ehefrau bei der Scheidung in Bezug auf Unterhalt leer aus." "Was soll daran toll sein, Steffi?" frage ich. "Na jetzt können wir wenigstens sagen, dass wir nicht mehr aus Habgier heiraten oder doch? Jedenfalls lohnt sich eine Scheidung nicht wirklich mehr." erwidert Steffi. Da hat sie Recht und ich merke mir dies, denn irgendwann wird Margot mich mit diesem Themen gewiss auch nerven. Doch bis zur Hochzeit ist es noch weithin.

Was jedoch Margot auch nicht freuen wird ist, dass wenn ich erst einmal mit Tim verheiratet bin, sei es aus Liebe oder Geld (letzteren Grund sieht natürlich nur Margot) wird es wohl nicht so schnell zu einer Scheidung kommen und damit wird sie mich auch nicht mehr so schnell los. Und zum größten Pech ihres Sohnes, wird dieser nun auch immer ärmer, denn ich bin ja so geldgeil, dass ich alles ausgeben werde! Ich glaube, ich brauche wieder ein paar neue Schuhe!

Als ich wieder zu Hause bin, denke ich noch einmal an das Thema Geld nach. Als ich zum ersten Mal hörte, ich sei nur hinter dem Geld von Tim her, fragte ich mich, wie sie darauf komme. Und da ich damit kein Einzelfall bin, was sich in meinem Bekanntenkreis bestätigte, stellt sich nun die Frage, wie diese Unterstellung entstanden ist.

Kann es vielleicht sein, dass Margot aus diesem Grund geheiratet hatte oder wie kommt sie auf diese Idee?

Nun ich könnte ja ganz mutig sein und beim nächsten Streit, wenn es wieder um dieses Thema geht,  einmal diese Frage stellen.

Doch ich ahne die Antwort bereits. Sie wird empört beteuern, dass sie aus reiner Liebe geheiratet hat! Oder irre ich mich??

Vielleicht sollte Nina doch wieder arbeiten gehen. Doch auch da erzählte sie mir vorhin, dass Schwiegermutter das nicht gut fand und meinte, dass die Kinder darunter leiden werden und erst die Erziehung!

Ich bin froh, dass ich mich mit diesem Thema noch nicht herumschlagen muss. So kann ich beruhigt einschlafen und ich freue mich schon bald mein neues Auto fahren zu können.

# „Du" oder „Sie"

Wir sitzen gerade beim Frühstück, also Nina, Steffi und ich, als Nina uns erzählt, welche Probleme sie zu Hause gerade hat. Ihre Schwiegermutter mischt sich in allem ein und sie kann bald nichts mehr alleine machen. Dabei fällt auf, dass sie ihre Schwiegermutter immer noch Siezen muss. Nina und ihr Mann sind seit über 14 Jahren ein Paar und dennoch darf sie nicht "DU" zu ihrer Schwiegermutter sagen. Das ist doch mal wirklich Schikane, oder nicht? Ich spreche Nina darauf an. "Ich rege mich darüber nicht auf, im Gegenteil, ich habe gelernt damit zu leben und mir selbst etwas ausgedacht, wie ich sie damit ärgern kann." Das klingt interessant und ich erfahre weiter, dass Nina bei jeder Festlichkeit, an der die Verwandtschaft und Freunde da sind, sie besonders das "Sie" betont, wenn sie mit ihrem Drachen spricht. " Was glaubt ihr wie peinlich dass für sie ist?!" Wir müssen lachen.

Ich denke an meine Zeit zurück, als ich Tim kennengelernt habe. Wir waren noch nicht sehr lange ein Paar, als er mir seine Eltern vorstellte. Es stellte sich gleich die Frage "Du" oder "Sie"? Meistens wird diese Frage automatisch beantwortet. Einige Schwiegereltern bieten relativ schnell das

"Du" an. Bei Margot und mir hat es auch drei Jahre gedauert. Ich fand das erst nicht schlimm, doch als ich herausfand, dass meine Schwägerin viel früher "Du" sagen durfte, war ich doch etwas verärgert.

# Die Hochzeitsglocken läuten – verzweifelter Versuch es zu verhindern!

Ich kann es nicht glauben. Wir sind 5 Jahre nun ein Paar und heute, ja heute erhielt ich einen romantischen Heiratsantrag. Draußen im Park, indem wir immer gerne spazieren gehen, fragte er mich. Kniete vor mir nieder und dann kam die alles entscheidene Frage: „Willst du mich heiraten?" Ich fiel Tim um den Hals und sagte natürlich JA! Ich war so glücklich!!!!! Auch jetzt zu Hause kann ich es noch nicht ganz fassen. Ich habe vorhin meine Mama und meine zwei Freundinnen angerufen und es ihnen sofort erzählt. Viele Glückwünsche gab es. Ich fragte Tim, was denn seine Eltern dazu gesagt haben und dann kam es. Sie wissen es noch nicht.

„Wie sie wissen es noch nicht?" fragt mich Steffi am nächsten Tag. „Tim hat es ihnen noch nicht gesagt." antworte ich. „Wieso nicht?" Ja wieso eigentlich nicht? Diese Frage beschäftigt mich schon seit gestern und ich kann sie leider nicht beantworten. Den ganzen Tag zerbreche ich mir den Kopf, doch eine Antwort finde ich nicht. Am Abend frage ich Tim, warum seine Eltern es immer noch nicht wissen. Er meint, er habe Angst, es ihnen zu sagen. „Wieso Angst?" frage ich ihn. „Naja, du weißt doch, wie meine Mama auf dich reagiert. Ich muss es ihr schonend sagen." Das hat gesessen. Ihr schonend sagen, dass ihr Sohn die Frau heiraten möchte, mit der er schon seit 5 Jahren zusammen ist. Sie hatte doch wohl genug Zeit sich das denken zu können oder nicht?

Am nächsten Tag stand dann Margot vor der Tür. Tim war arbeiten und ich allein daheim. „Hallo Margot" begrüßte ich sie und lies sie sogar mal rein. „Na hast du es nun endlich geschafft!" begrüßte sie mich. „Ich verstehe nicht ganz, was du meinst, Margot." „Das ist doch wohl klar! Du hast meinen Sohn so umgarnt, dass er dich heiratet, nur damit du an sein Grundstück kommst. Aber nicht mit mir, das werde ich zu verhindern wissen!" Ok, eins zu Null für sie, denn damit habe ich nicht gerechnet. Im Gegenteil ich dachte, nun wird alles besser. „Bist du schwanger? Heiratet ihr deswegen?" Margot brache mich wieder in die Realität zurück. „Äh, nein" stammelte ich. Wie konnte diese Frau alles zunichte machen? Sie teilte mir noch mit, dass dies ein Nachspiel haben wird und verlässt dann die Wohnung. Ich bin immer noch unter Schock und rufe Steffi an.

„Es war doch klar, dass sie so reagieren wird" versucht Steffi mich am Telefon zu beruhigen. „Ja schon, aber ich dachte auch, dass sie sich freuen wird. Wenigstens für ihren Sohn." erklärte ich. Wir redeten noch ein wenig und schon nach einiger Zeit merke ich, dass mir das Gespräch gut tut. Ich vergesse die Worte von Margot und freue mich, dass ich nun verlobt bin. Bis zur Hochzeit hat sie noch Zeit, sich abzureagieren.

Schneller als ich dachte ist er fast da: Der Hochzeitstag. Noch drei Wochen trennen mich von meinem schönsten Tag im Leben, als ich unterwartet Post bekomme. Margot ist immer noch wütend wegen dem Antrag und der Hochzeit, doch dachte ich nicht, dass sie zu solch einem Mittel greifen wird. Es ist ein bitterböser Brief von ihr. Sie erklärt mir, dass sie die Hochzeit verhindern wird. Ich habe ihren Sohn geblendet und das kann sie nicht zulassen. Ihr armer Sohn wird sich in den Ruin stürzen und sein Leben wegwerfen, wenn er mich zur Frau nimmt. Es folgen Beschimpfungen der übelsten Sorte, dass ich an Tims Seite der Teufel persönlich sei und dass ich die Familie zerstören will. (Na klar, als ob ich nichts Besseres zu tun hätte, als andere Familien zu zerstören!)

Auch wird in dem Brief wieder einmal angesprochen, dass ich nur hinter seinem Geld her sei und er es nun endlich einsehen und mich verlassen sollte. Sie werde darüber noch einmal mit Tim sprechen und dann wird er es auch einsehen und mich verlassen.

Hinzu kommen noch Hinweise, dass durch mich Tim den Kontakt zu seiner Familie abgebrochen hat und dass er bald ganz allein sein werde. Ich könnte die Liste noch weiter fortführen, doch reichen diese Dinge aus, um bei mir Herzrasen zu verursachen. Ich nehme den Brief und gehe zu Steffi. Nur sie kann mir noch helfen. Sie gibt mir den Rat, den Brief einfach zu ignorieren. Was bringt schon die Aufregung? Margot hätte doch dann nur wieder ihren Spaß und das möchte ich ihr ganz gewiss nicht gönnen. Also lege ich den Brief weg und erwähne ihn auch Tim gegenüber nicht.

Es ist fast geschafft, noch eine Woche trennt mich von meinem großen Tag. Mein Hochzeitstag. Es klingelt das Telefon und Margot ist mal wieder am Aparat. Sie möchte wissen, ob sie noch einen Kuchen für die Hochzeit backen soll. (In Gedanken winde ich mich bereits, denn die Kuchen von ihr schmecken überhaupt nicht und sie sehen auch noch zum Davonlaufen aus). Da es jedoch erst vor zwei Wochen wieder mal zu einem Streit kam, und sie dabei mir mitteilte, dass sie keinen Kuchen backen werde, teile ich ihr nun freundlich mit: „Danke Margot, aber ich brauche keinen Kuchen mehr!" Statt, dass sie nun auflegt und alles seinen gewohnten Gang geht, fängt sie an rumzuschreien: „Was soll das denn nun? Ich dachte, ich soll einen Kuchen backen und nun das ? Willst du mir eines auswischen! Gebe mir Tim, das kläre ich jetzt mit ihm!" blafft sie mich an. Ganz gewiss gebe ich ihr nicht Tim. Nicht nach alldem, was sie in den letzten Wochen alles getan hat, angefangen vom Brief und vielen kleinen Stichelein die letzten Tage. „Tut mir leid, Margot, aber ich habe nun genug Kuchen, nimm es nicht persönlich. Tim ist nicht da. Tschüß!". Ich lege auf. Soll sie es ruhig persönlich nehmen, denn daran habe ich gedacht. Es freut mich, dass ich es endlich einmal geschafft habe, sie aus der Fassung zu bringen. Von ihr lass ich mir meinen schönen Tag nicht versauen. Leider konnte ich nicht ahnen, was ich damit angerichtet habe.

Doch zwei Tage später bekomme ich erneut davon zu hören.

Es sind noch drei Tage bis zur Hochzeit und meine Mama hilft mir beim Putzen der Wohnung. Wir haben ein kleines Penthouse und daher genügend Platz für kleinere Feiern. Da wir über eine große Dachterrasse verfügen, wollen wir dort die Feier arangieren. Es sind nicht viele Leute eingeladen, denn wir wollen nur erst einmal Standesamtlich heiraten. Die kirchliche Trauung heben wir uns für später auf. Leider hat sich da Margot durchgesetzt und Tim so unter Druck gesetzt, natürlich auf ihre liebe Art, dass er meinte, es sei besser, wenn wir nicht gleich kirchlich heiraten. Ist viel zu teuer. Nun gut, ich habe mich damit abgefunden, denn es geht mir ja nicht um eine große Feier, sondern, dass ich endlich Tims Ehefrau werde. Hach, wie das klingt EHEFRAU.

Während wir uns also um den Wohnungsputz kümmern, klingelt es überraschend an der Tür. Es ist nur Norbert, mein zukünftiger Schwiegervater. Was will er denn hier? Aber gut, ich atme erleichtert auf, besser als wenn nun Margot hier stehen würde. „Hallo Norbert" begrüße ich ihn. „Was führt dich denn hierher?" „Lisa, ich habe das Theater nun langsam satt. Ich teile dir hiermit mit, dass Margot und ich nicht zur Hochzeit erscheinen werden!" Hey was für ein Glückstag! Einerseits kommt nun Triumph auf, aber dann denke ich an Tim und wie er sich dabei fühlen wird. „Darf man fragen, warum ihr auf einmal nicht mehr kommen möchtet?" versuche ich das Ganze zu kippen. Auch meine Mama kommt hinzu und versucht ihn noch einmal umzustimmen. Doch wie immer höre ich  die gleiche Laier wie sonst auch: „Warum willst du unsere Familie zerstören. Gib es doch zu, dass du nur hinter Tims Geld her bist und ihn gar nicht liebst. Deswegen setzt du ihn doch auch so unter Druck, dass ihr kirchlich heiraten solltet und nicht nur standestamtlich." Es folgen noch viele weitere Dinge, doch ich habe abgeschaltet. Ich kann es einfach nicht fassen. Dieses Themen haben wir schon so lange durchgekaut, dass sie mir nun langsam zum Hals heraushängen. Sie suchen immer wieder Gründe, um es uns kaputt zu machen. Natürlich war ich traurig, dass es keine kirchliche Trauung geben soll, doch ich hab nicht ewig auf Tim eingeredet. „Das ist doch nicht wahr!" gebe ich schniefend als Antwort. Aber er hört mich schon nicht mehr. Norbert ist gegangen. Meine Mama nimmt mich in den Arm und während ich weine, räumt sie die Wohnung weiter auf.

„Du willst was?" schreit Steffi durchs Telefon. „Die Hochzeit absagen" sage ich. Ich habe ihr alles erzählt. Kaum war meine Mama fort, habe ich sie sofort angerufen. „Warum soll ich in so eine Familie reinheiraten, die mich eh nicht mögen?" frage ich sie. „Du heiratest doch nicht die Familie, sondern Tim, oder? „Ja schon, aber..." schniefe ich. „Kein Aber! Du liebst Tim und daher kannst du ihn nun wegen seiner Mutter nicht so hängen lassen!" teilt mir Steffi mit und beendet dann das Gespräch, da sie noch etwas zu erledigen hat. Was soll ich bloß tun. Recht hat sie ja. Ich heirate Tim und nicht Margot.

Am Abend kommt Tim von der Arbeit heim und sieht, dass ich geweint habe. „Was ist denn passiert?" fragt er mich und nimmt mich in den Arm. Da bricht es aus mir heraus. „Sie werden nicht kommen. Sie hassen mich. Wir können nicht heiraten!" „Jetzt beruhige dich erst einmal und dann erzähle mir genau, was passiert ist." versucht er mich zu trösten. Also erzähle ich ihm vom Auftauchen seines Vaters. Er blickt mich danach ernst an und meint dann: „Ihr werdet euch nie vertragen. Die beruhigen sich schon wieder." Für ihn ist damit das Thema erledigt.

Da Tim es nicht so ernst nimmt, sollte ich es auch nicht tun, oder? Die ganze Nacht liege ich wach und grüble nach. Es sind doch nur noch zwei Tage. Ich versuche also die Gedanken beiseite zu schieben und schlafe dann doch in voller Vorfreude auf die Hochzeit ein.

Ich bin nun schon ganz aufgeregt, denn morgen soll die Hochzeit stattfinden. Es werden die letzten Vorbereitungen getroffen, wie

Schmücken der Wohnung und der Terrasse, auf der gefeiert werden soll. Und als ob ich nicht schon genug Stress hätte, weil die Luftballons einfach nicht hängen bleiben wollen, kommen die schlimmsten Leute, die ich eigentlich nicht sehen wollte.

Ja, die geliebten Schwiegereltern in Spe! Ich kann es nicht fassen, dass sie es wagen, hier aufzukreuzen, nicht nachdem, was vorgefallen ist. Bereits der Begrüssungssatz lässt mir schon das Blut in den Adern gefrieren: „Wir wollten fragen, ob wir morgen denn an der Hochzeit erwünscht sind?!" Am liebsten würde ich jetzt ganz laut „NEIN" schreien, aber warum sollte ich denn antworten, soll das doch Tim regeln, denn es sind ja immerhin seine Eltern. Doch Tim sieht mich nur fragend an. „Das müsst ihr Tim fragen, immerhin seit ihr seine Eltern!" sage ich und kümmere mich wieder um die Luftballons. Aber was macht Tim? Er versucht Frieden zu stiften und ehe ich mich vershe, haben wir wieder einmal einen Streit. Ich kann es nicht mehr hören. Immer wieder die alte Laier, dass ich die Familie zerstöre, hinter dem Geld hersei... „Ihr habt gewonnen, die Hochzeit wird abgesagt!" schreie ich und renne davon. Ich verlasse weinend die Wohnung und laufe zu Steffi. Margot, wie ich sie hasse. Sie macht alles kaputt.

Steffi nimmt mich in den Arm und tröstet mich.
„Du willst doch deiner Schwiegermutter nicht
noch helfen, dass sie ihren Tim wieder
bekommt, oder?" fragt mich Steffi. Ich schüttel
den Kopf. „Doch was soll ich tun? Ich kann das
nicht mehr, dieses Gestreite!" schniefe ich! „Nun
das wird wohl immer so bleiben, aber sage ihr
den Kampf an, schon vergessen! Du wolltest
dich wehren und die erste Kampfhandlung in
diesem Krieg ist eine wundervolle Hochzeit mit
einer strahlenden Braut!" tröstet mich Steffi. Wie
recht sie doch hat. Genau das war mein Plan
gewesen, vor wievielen Wochen? Doch nun? Ich
bin traurig und deprimiert. Ich rufe Tim an und
teile ihm mit, dass ich bei Steffi übernachte, da
sie sowieso das Hochzeitskleid hier hat und ich
morgen zur Hochzeit kommen werde. Wir reden
noch lange, Steffi und ich. Langsam fasse ich
wieder neuen Mut für morgen. Ob Margot
kommen wird? Ich wäre nicht traurig, wenn sie
nicht erscheint und mit einem kleinen Lächeln
schlafe ich ein.

HOCHZEITSTAG! Es ist soweit, der große
Tag. So lange habe ich darauf gewartet, dass ich
sogleich verschlafen habe. Nicht nur ein paar
Minuten, nein leider um ein paar Stunden. Wir
kommen zu spät. Steffi richtet meine Haare, hilft
mir beim Anziehen und dann fahren wir auch

schon los zum Standesamt. Leider sind wir etwas unpünktlich, aber was solls, der Standesbeamte wartet trotzdem und die Trauung kann ganz normal von Statten gehen, oder doch nicht? Nun, zum Glück gibt es die Frage nicht „Hat einer der hier Anwesenden etwas gegen diese Heirat einzuwenden?" denn sonst hätte ich womöglich ein Problem, denn Margot und Norbert sind zu meinem Leidwesen erschienen. Aber ich wäre darauf vorbereitet gewesen, denn Steffi saß bereits neben der Schwiegermutter um sie gegebenenfalls davon abzuhalten den Mund aufzumachen. Wie sie das angestellt hätte, weiß ich nicht, aber es wäre bestimmt zum Todlachen gewesen. Steffi hat ja immer solch ausgefallene Ideen.

Kaum ist das Jawort gesprochen geht's an die Gratulationen. Ist es nicht üblich, dass die Eltern des Brautpaares als erstes gratulieren? Tja wohl nicht bei mir. Norbert unterhält sich ersteinmal mit einem anderen Gast und streckt mir so nebenbei die Hand aus. Mehr nicht. Aber auch von Schwiegermutter, wie soll es auch anders sein, gibt es keine normale Gratulation. Nein sie inspiziert den Boden während sie mir die Hand reicht. Naja besser als eine Szene hier zu machen.

Als das Händeschütteln nun überstanden ist, geht's weiter zum Fotos schießen. Auf dem Weg dorthin erfahre ich jedoch von Nina, wie Margot vor dem Standesamt, als ich mich verspätet habe, geprahlt hat, dass sie am Vortag versucht habe, die Hochzeit zu verhindern, aber ihr dummer Sohn sich eingemischt hatte. Aber wenn nun Lisa jetzt nicht auftaucht, dann sei sie schuld und habe endlich gewonnen. Ich koche vor Wut und bin froh, dass ich es erst nach der Hochzeit erfahren habe. Was wäre passiert, wenn ich es vor dem Ja-Wort erfahren hätte? Hätte ich dann mich umentschieden und nicht geheiratet? Nein, wohl eher nicht, denn ich wollte heute den Sieg davon tragen und nicht sie! Das gibt definitiv Extrapunkte für mich, dass ich sie nachher nicht im Klo ersäufe!

Kaum steht man bereit um die Schnappschüsse für das Fotoalbum zu schiessen, gibt es ein Problem. Denn wer ziert sich um aufs Bild zu kommen? Ganz klar, Margot. „Was soll ich denn auf dem Bild? Ich bin doch nicht das Brautpaar!" meckert sie. Doch der Fotograf erklärt ihr, dass alle auf das Bild sollen und so klappt es dann nach einem langen Hin und Her.

Nun geht es zu uns nach Hause. Es ist nun fast überstanden, denn sobald der Alkohol freigegeben ist, sind Margot und Norbert damit beschäftigt, sich volllaufen zu lassen. Und dann torkeln sie um acht Uhr abends nach Hause! Welch eine Freude, aber immerhin lassen sie mich nun in Ruhe und ich kann aufatmen und die nächsten Stunden mit meinen Freunden genießen.

War das nicht ein wundervoller Hochzeitstag? Wenn ich so an meinen schönsten Tag im Leben zurückdenke, kann ich jetzt am Abend sagen, er hätte schlimmer kommen können. Schwiegereltern haben sich gezähmt und waren relativ handzahm, was wohl an den drei Flaschen Wein lag. Zudem weiß ich, dass während ich meinen schönsten Tag heute hatte, Schwiegermutter ihren schlimmsten Tag im Leben hatte. Und das ist es doch alle mal wert, oder nicht?

Da ich schon ahnte, dass wir leer ausgehen würden, war ich dann doch nicht so geschockt, als es ums Geschenke auspacken ging. Es gab weder eine Karte, noch ein Geschenk. Immerhin hat das einen Vorteil - ich brauche keine Angst zu haben, dass ich es doppelt habe und muss mir keinen Stress machen, es umzutauschen!

torkeln sie um acht Uhr abends nach Hause!
Welch eine Freude, aber immerhin lassen sie
mich nun in Ruhe und ich kann aufatmen und
die nächsten Stunden mit meinen Freunden
genießen.

War das nicht ein wundervoller Hochzeitstag?
Wenn ich so an meinen schönsten Tag im Leben
zurückdenke, kann ich jetzt am Abend sagen, er
hätte schlimmer kommen können.
Schwiegereltern haben sich gezähmt und waren
relativ handzahm, was wohl an den drei
Flaschen Wein lag. Zudem weiß ich, dass
während ich meinen schönsten Tag heute hatte,
Schwiegermutter ihren schlimmsten Tag im
Leben hatte. Und das ist es doch alle mal wert,
oder nicht?

Da ich schon ahnte, dass wir leer ausgehen
würden, war ich dann doch nicht so geschockt,
als es ums Geschenke auspacken ging. Es gab
weder eine Karte, noch ein Geschenk. Immerhin
hat das einen Vorteil - ich brauche keine Angst
zu haben, dass ich es doppelt habe und muss mir
keinen Stress machen, es umzutauschen!

# Enkelkinder Teil 1

Ich war schon ein wenig unruhig, denn eigentlich hätten sie schon längst da sein müssen. Nein, nicht meine Schwiegereltern, auf die würde ich nicht so unruhig warten. Als dann Steffi meinte, jetzt mach schon so einen Test, wurde ich noch nervöser. Also gut, gesagt, getan. Bereits nach einer Minute des Bangens und Wartens war es sichtbar: ICH BIN SCHWANGER! Wow, ich kann es nicht fassen, Eigentlich wollten wir doch noch gar keine Kinder. Wir sind doch erst seit 4 Wochen verheiratet. Aber dennoch ist die Vorfreude groß.

Als Tim am Abend heimkommt, stehen bereits zwei kleine Schuhe und eine Flasche Sekt auf dem Tisch. „Gibt es etwas zu feiern?" fragt er mich. Ich grinse und sage: „Wir werden Eltern" Tim jubelt und nimmt mich in den Arm. Er ruft Freunde und Kollegen an und erzählt es ihnen sofort. Auch ich starte einen Rundruf und erzähle es meiner Mama, Steffi, Nina und meinen Großeltern. Alle freuen sich für uns und meinen nun sei unser Leben perfekt. Doch leider wird diese Vorfreude ein wenig getrübt, denn wer sagt es den netten Schwiegereltern? Tja, da solch eine gute Nachricht schnell die Runde macht, darf man nicht allzu lange zögern, denn sonst erfahren es die Schwiegereltern von anderen und dann ist der Ärger gleich mal vorprogrammiert oder nicht? Also tief durchatmen und ab ans Telefon. Nein, nicht ich, dass soll mal schön Tim erledigen. Doch der mag noch nicht so recht. Was kann uns denn passieren? Wir sind verheiratet und vielleicht freut sie sich ja über den Nachwuchs.

Aber wie verhält es sich, wenn sie sich nicht freut? Was ist, wenn sie sogar wieder wütend wird. Schnell kann hier der Vorwurf kommen, dass ich es geplant habe umso Tim zur Hochzeit zu zwingen. Ja sie wird denken, ich war schon während der Hochzeit schwanger. Mit etwas Glück erlebe ich vielleicht, dass Margot vor Schreck den Hörer fallen lässt und in Ohnmacht fällt. Dieses Szenario ist jedoch eher ein Wunschdenken von mir. Eher wird es dazukommen, dass es eine Menge Ärger gibt. Sie wird schimpfen und meckern, dass ihr armer Tim nun auch noch ein Kind mit durchfüttern muss. Ihr armer Tim nimmt nun den Hörer und ruft sie doch an. Leider ist sie nicht so begeistert und unterstellt mir tatsächlich, dass ich bereits zur Hochzeit schwanger war. Tim versucht sie zu beruhigen, doch es klappt nicht. „Nur Mut, wenn sie das erste Ultraschallbild sieht, dann wird sie sich freuen!" versucht er mich aufzumuntern.

Vielleicht hat er ja Recht und sie freut sich doch, kann es nur nicht so zeigen. Ich werde sehen, was die Schwangerschaft bringt. Immerhin hat sie 9 Monate Zeit, sich nun daran zu gewöhnen, dass sie Oma wird.

# Die Schwangerschaft

Das schlimmste ist überstanden und die Nachricht wurde überbracht. Nun kann ich mich auf die Schwangerschaft konzentrieren und die Zeit genießen.

Ok, ich gebs zu, da gibt es auch wieder einen Haken. Meine Mama ist hier die Überoma. Sie ist nur am Kaufen, kaufen, kaufen und ich weiß schon gar nicht mehr, wo ich alles lagern soll. Margot hingegen hat sich bisher nicht darum gekümmert, geschweige denn einmal gefragt, wie es mir geht. Das einzige Mal, wo es dann doch etwas wie Interesse kam, ging es eher um einen Streit, um das Thema Farben. Sie ist der Meinung, dass Mädchen nicht immer ein Rosa benötigen, sondern grün. Gut, wer grün mag, kann es ja machen, aber ich finde, sollte ich ein Mädchen bekommen, dann soll es mit vielen süßen rosa Sachen überhäuft werden.

Was mit der Kleidung beginnt, geht dann weiter mit der Einrichtung des Kinderzimmers. Tim und ich haben erst kürzlich darüber geredet, welche Farbe die Wand haben soll. Wir wollten abwarten, welches Geschlecht unser Baby wird. In der Hälfte der Schwangerschaft war es dann so weit und wir erfuhren, dass wir ein Mädchen bekommen werden. Ach wie süß, ein kleines, süßes Mädchen. Ich liebe sie jetzt schon! Also sollte es ein rosafarbendes Zimmer mit Schmetterlingen werden. Damit es nicht zu rosa wird, wollte ich mehrere Streifen Weiß mit einbringen. Doch als ich nach Hause komme, sehe ich nicht recht. Margot hatte von Tim bereits einige Tage zuvor erfahren, was es wird und als ich mit Steffi beim Shoppen war, nutzte sie die Gelegenheit aus und kaufte eine Farbe für die Wand ein und  ist schon am Malern, ehe ich mich versehe. Das hier der Streit vorprogrammiert ist, muss nicht erwähnt werden."Margot, was machst du da?!" fahre ich sie an. Statt meinem süßen Rosa, hat sie ein hässliches Grün ausgesucht. „Das siehst du doch! Ich streiche die Wand. Du in deinem Zustand, kannst das ja nicht mehr machen und mein armer Tim hat schon genug zu tun!" erwiedert sie mir. „Das ist aber die falsche Farbe. Wir wollten es in Rosa streichen!" erkläre ich ihr. „Rosa ist doch so etwas von Altmodisch. Grün ist die Farbe der heutigen Zeit" antwortet sie mir und streicht weiter. Ich gebe es auf und warte, bis sie fertig ist und das Haus verlässt. Das geht nun mal gar nicht. Als Tim am Abend nach Hause kommt, zeige ich ihm das grüne Kinderzimmer. „Sieht doch schön aus!" sagt er. „Nein, finde ich nicht. Es ist grün und nicht rosa!" reagiere ich gereizt. „Jetzt sei doch nicht so. Sei froh, dass sie dir hilft. Ist doch nicht schlimm, ob grün oder rosa.!" Doch, ich finde es schlimm!

Als Tim am nächsten Tag die Wohnung verlässt, traben Nina und Steffi an. Wir haben eine Mission. Zimmer neu streichen und zwar diesesmal in Rosa. Bereits einige Stunden später erstrahlt das Zimmer in einem schönen Rosa. Da wir so voller Energie strotzen beginnen wir auch gleich mit der weiteren Deko und bauen die Wiege und die Wickeltisch auf. Alles in einem schönen Weiß. Nicht, dass Margot da auch noch ihre Möbel kauft und reinstellt. Soll sie ruhig sehen, dass wir alles haben.

Als ob das mit dem Zimmer nicht gereicht hätte, taucht Margot am Abend mit Tim zusammen auf. Ich habe mir gerade eine Tafel Schokolade zum Essen geholt, denn diese Gelüste verleiten einen ständig dazu. Die Tür ist noch nicht einmal richtig offen, da höre ich schon: „Ess dies nicht! Lass doch mal endlich die Finger von der Schokolade! Du kannst doch nicht schon wieder Essen! Du geht's ja auf wie eine Tonne!" schreit Margot auch schon und reißt mir die Schokolade aus der Hand. Menno, ich wollte die Essen. Stattdessen säuselt sie: „Ich habe uns ein Essen gekocht. Heute gibt es Vollkornnudeln mit Tofu-Tomatensoße!"

Gott sei Dank, kann ich den Würgereiz, den der Duft dieses Essens bereits heraufbeschwört, sowie die Übelkeit darauf und das Spucken auf die Schwangerschaft schieben, was für ein Glück! So muss ich die Nudeln nicht wirklich essen. Als Margot die Wohnung verlässt schnappe ich mir wieder meine Schokolade und esse sie komplett auf. Wie das geschmeckt hat. Da soll noch einmal jemand sagen, dass Schokolade keinen Hunger stillen kann!

Obwohl man hier von Interesse sprechen kann, die Margot in meiner Schwangerschaft an den Tag legt, habe ich dennoch so meine Zweifel. Ich glaube, hier geht es eher um das Einmischen in unser Leben. Während meine Mama sich ständig nach neuen Ultraschallbildern erkundigt, möchte die andere Oma, sprich Margot nichts davon wissen. Sie könnte sogar daneben stehen und würde dennoch nicht die Bilder sehen wollen. Anfangs hat mich das zum Weinen gebracht. Doch nun lasse ich es nicht mehr an mich heran und zeige ihr die kalte Schulter und lasse sie nicht mehr an der Schwangerschaft teilhaben.

# *Babyparty*

Was in Amerika schon üblich ist, kommt erst
langsam auch zu uns nach Deutschland. Immer
mehr werdende Mütter planen eine Babyparty.
Hier kaufen Freunde, Verwandte und
Familienangehörige Dinge für das Baby, das
bald geboren wird. Dies können Strampler,
Bodys, Babyflaschen, Windeln und vieles mehr
sein. Meist wird das vorher mit der Mutter
abgesprochen, wer was kauft, damit die
werdenden Eltern nicht so viele Kosten am
Anfang haben. Ebenso kann man damit
verhindern, dass später vieles doppelt geschenkt
wird.

Klingt interessant, also beschließe ich, auch eine
Babyparty zu organisieren. Steffi hilft mir dabei
und fünf Wochen vor dem errechneten
Geburtstermin werden die Einladungen
verschickt. Alle Freunde kommen, doch nur die
Margot bleibt aus. Ist sie krank? Traut sie sich
nicht? Hat sie kein passendes Geschenk? Ich
rufe sie an und bereue es bereits nach dem
Klingelton. Als sie abhebt, frage ich sie, warum
sie denn nicht zur Babyparty kommt, ob sie
krank sei. Meine ganzen Vermutungen waren
alle falsch. Obwohl die auch passen könnten,

doch wenn man schon so eine Schwiegermutter hat, die sich eh kaum in der Schwangerschaft gemeldet hat, dann hat sie noch einen viel besseren Grund: Sie spielt die Konservative! Und so klingt ihre Ausrede viel besser als, sie sei nur krank. „Das bringt doch Unglück, wenn man feiert, ehe das Baby da ist!" erklärt sie mir am Telefon und legt auf. Gut in den alten Zeiten, war das wirklich so Brauch, dass man erst die Babykleidung nach der Geburt gekauft hat, da man nicht wusste, ob es die Geburt auch heil übersteht. Doch in unserer heutigen Zeit, ist es wohl sicher, dass es kaum Komplikationen geben wird. Auch wenn diese Argumente in sich schlüssig sind, werde ich keine Chance haben, Margot vom Gegenteil zu überzeugen.

Bin ich nun wirklich traurig, dass sie nicht kommt? NEIN! Eigentlich bin ich ganz froh, mal wieder Ruhe vor ihr und ihrem Gemecker zu haben. Also lassen wir die Korken vom alkoholfreien Sekt knallen und stoßen auf eine Monsterfreie Party an, wie Steffi so schön erklärt. Es wird ein schöner Tag und ich erhalte, alle Dinge, die ich mir gewünscht habe. So ist ein Babykostwärmer, ein Wärmekissen, viele Windeln in originellen Verpackungen und auch ein süßer Strampler dabei. Das schönste jedoch ist, dass alle Menschen da sind, die sich mit mir freuen, dass ich bald Mama werde.

# Die Geburt und die Zeit im Krankenhaus

Ich finde eine Schwangerschaft bringt viele Unsicherheiten mit. Obwohl ich mich die letzten Monate gut geschlagen habe und nur dicker geworden bin, gibt es dennoch Momente, die einem das Herz rasen lassen. Ich bin noch recht unerfahren, was das Bekommen von Kindern anbelangt und war daher doch etwas erschrocken, als der Arzt mir rät, vier Wochen vor der Entbindung mich für zwei Wochen ins Krankenhaus einzuweisen. Hintergrund hierbei ist die Reife des Kindes. Da ich bereits frühzeitige Wehen habe, wollen sie mir eine Infusion geben, damit die Lungenreife des Babys gefördert wird. Es sei nichts Schlimmes, wurde mir versichert.

Täglich kommen Freunde, Tim und auch Verwandte vorbei. Sie bringen Essen, Bücher und andere Dinge mit. Es wird geratscht und gelacht und ehe ich mich versehe, sind die Wochen auch wieder rum und ich darf nach Hause, bis die Wehen erneut einsetzen und unser kleines Mädchen zur Welt kommen darf.

Margot und Norbert habe ich in dieser Zeit nicht gesehen. Ich fand es schon seltsam.

Zu Hause kommt sie jeden Tag vorbei und nervt und im Krankenhaus schaut sie kein einziges Mal vorbei. Warum auch? Anrufen? Nein, wieso denn, man kann sich doch abends mit seinem Sohn unterhalten, der wird einem schon sagen, wie es dem Enkel, ja nur dem Enkel geht. Wen interessiert schon die Mutter?!

Als ich wieder zu Hause bin und wie ich mir schon dachte, auch Margot vorfinde, stelle ich sie zur Rede und frage, warum sie denn nicht mal im Krankenhaus vorbeigekommen ist. Die Ausrede kannte ich bereits, doch sie aus ihrem Mund zu hören, brachte das Fass zum Überlaufen. „ Wir haben doch alles von Tim erfahren, warum sollten wir denn noch kommen?! Zudem weißt du doch, dass wir nicht so gerne in die Stadt fahren."

Ob ich hoffen kann, dass sie wenigstens dann ins Krankenhaus kommt, wenn unsere Maus auf die Welt kommt? Wird sie dann ihr Enkelkind besuchen kommen oder heißt es dann auch wieder, dass sie nicht so gerne in die Stadt fahren? Fragen, die erst in der Zukunft beantwortet werden können. Ich werde jedoch vom Schlimmsten ausgehen, denn dann kann mich nichts mehr schocken.

Die Wehen setzen ein, das Fruchtblase ist geplatzt, ehe es nun in Eile ins Krankenhaus geht, noch die Eltern und Schwiegereltern informieren, dann geht's auch schon los. Während im Kreissaal alles seine Gänge geht, denke ich an die Familie und was sie gerade so machen? Meine Mama ist so aufgeregt, dass sie sogar mehrmals im Krankenhaus anruft und fragt, ob alles in Ordnung ist. Mir ist das schon unangenehm, wenn jedesmal die Schwester in den Kreissaal stürzt und nachfragt. Doch dann ist sie da unsere kleine Tochter Sophia.

Nachdem sie eingeschlafen ist, rufe ich meine Mama an. „Wir haben vor Aufregung gezittert und dann schon einmal den Sekt kalt gestellt. Alles in Ordnung? Wann dürfen wir die kleine Maus sehen?" fragt meine Mama, die ja nun eine Oma geworden ist. „Gerne könnt ihr morgen vorbei schauen, es ist schon spät und ich mag nur noch schlafen." gähne ich und lege auf.

Während ich vor mich hindöse, beschließt Tim seine Eltern anzurufen. Er wählt die Nummer und es klingelt, und klingelt und klingelt, keiner geht ran. Positiv, oder? „Sind Sie auf dem Weg ins Krankenhaus?" frage ich Tim. Er zuckt mit den Schultern. Er weiß es nicht. Kurze Zeit später versucht er es noch einmal und noch einmal, wir sehen auf die Uhr, es ist 21 Uhr, wo stecken die nur? Hatten doch um 18 Uhr gesagt, dass es los geht.

Nach dem zehnten Anrufversuch, geht dann doch endlich jemand ans Telefon. Auf die Frage, wo sie denn waren, antwortet Margot nur: „Wir waren schon im Bett!" Und schon zerplatzt der liebe Traum, von wegen es wird alles besser, wenn das Baby da ist. Ins Bett! So wichtig ist für sie die Geburt ihres ersten Enkels!! Ich fass es nicht. Ich dachte wirklich, dass sich nun alles ändern wird. Fehlanzeige! Traurig drücke ich meine Sophia an mich und schlafe ein.

Nach der ersten Nacht mit meiner kleinen Sophia kommt meine Mama zu Besuch. Sie bringt Geschenke mit und freut sich mit uns. Auch einige Freunde, wie Steffi und Nina schauen vorbei, um das Baby zu knuddeln und zu begutachten. Wir werden mit Geschenken überhäuft und fragen uns jetzt schon, wie wir das alles nach Hause bekommen sollen. Der erste Tag vergeht, doch von Schwiegermonster keine Spur. Der zweite und dritte Tag geht vorrüber und am vierten sollte ich doch entlassen werden. Hat sie denn gar nichts gelernt. Hat sie den letzten Streit sich nicht ein wenig zu Herzen genommen? Interessiert sie sich denn nicht für ihre kleine Enkeltochter? Ich glaube schon nicht mehr daran, doch dann am dritten Tag nach der

Entbindung kommen sie dann endlich, Margot und Norbert!

Auf die Frage, warum sie erst jetzt kommen, antwortet mir Margot: „Wir wollten nicht früher kommen, da du dich doch erholen musst!" Ich akzeptiere die Antwort, denn ich fasse es als nett auf. Immerhin weiß sie ja, wie eine Geburt ablaufen kann, obwohl meine wirklich harmlos war und ich mich freue, wieder nach Hause zu kommen. Ich möchte ihr Sophia in den Arm legen, doch sie zieht sich zurück und verschränkt die Arme. Warum waren sie noch mal gekommen? Sucht man Geschenke, könnte auch das eine Fehlanzeige werden, doch halt, eine Spieluhr war dabei. Wow, gleich so viel für das Neugeborene. Gut, dass wir schon fünf davon haben! Eigentlich hätten sie gar nicht kommen brauchen. Statt Freude empfinde ich nur noch Traurigkeit. Wer mir jetzt erzählt, dass liege an den Hormonen, der kann sich gerne Prügel mit dem Nudelholz abholen!

Die Zeit wird zeigen, wie es weitergehen wird. Nun geht es erst einmal nach Hause mit unserer Sophia und wir versuchen wieder in unseren Alltag zu kommen.

# Der Hausbau - oder wer hat hier das sagen?!

Sophia wächst und gedeiht und langsam wird es in unserer Wohnung zu eng. Sie beginnt die Wohnung immer mehr zu erkunden und so langsam überlegen wir uns umzuziehen. Doch was soll es sein? Steffi gab mir den Rat, sich umzuhören, neben Mieten kann man auch Kaufen oder Bauen. Das alles klingt sehr verlockend und so rede ich mit Tim über das Thema. Er ist gar nicht abgeneigt und so beschließen wir ein Haus zu bauen.

Da wir uns auf diesem Gebiet noch nicht wirklich auskennt, ist es wohl ratsam, die Eltern an einen Tisch zu holen. Immerhin haben sie ja schon Lebenserfahrung. Das erste Gespräch verläuft noch recht unproblematisch. Beide Parteien finden unsere Idee Klasse und sind bereit uns mit Rat und Tat zu unterstützen. Es wird vorerst vereinbart, dass wir uns Musterhäuser ansehen. Gut, dass sich meine eigenen Eltern angeboten haben, mitzufahren. Mit Margot möchte ich nämlich nicht hinfahren. Sonst meckert und nörgelt sie nur rum und versucht uns beim Aussuchen eines passenden Hauses zu beeinflussen. Auf der Ausstellung findet sich schnell ein schönes Haus und es geht an die Planung.

Der Grundriss ist erstellt und auch die Baugenehmigung liegt vor. Alles ging recht reibungslos und auch die Finanzierung stand schneller als gedacht. Wo das Haus hin soll? In einen kleineren Ort, etwas außerhalb der Stadt. Dort haben wir ein schönes Grundstück, welches Tim vor Jahren von seiner Oma geerbt hat. Der einzige Haken hierbei ist die Entfernung zu Margot und Norbert. Sie wohnen ebenfalls hier.

Bevor der Bau losgehen kann, müssen nun noch Sachen, wie Fenster, Treppe, Türen, Sanitär und Elektrik besprochen werden. Leider habe ich hier die Rechnung ohne unser Schwiegermonster gemacht. Schnell wird hier angeregt, dass ich nicht so viele Fenster brauche. „Du musst die nur alle putzen!" Also gut, bin ich hier ihrer Meinung und es sind ein paar Fenster weniger. Leider reicht ihr das noch immer nicht und es geht weiter in Sachen Strom. „Das kann doch der Vater machen!" rief sie entrüstet aus, als wir bei der Planung festlegen wollten, dass das ein erfahrender Handwerker übernehmen soll. Doch auch bei anderen Bereichen hatten sie etwas auszusetzen. „Ihr wollt doch nicht etwa graue Dachziegel? Wie, ihr wollt eine Treppe, die unten zu ist?" Doch eigentlich möchte ich graue Dachziegel, ich finde eine geschlossene Treppe wirklich praktisch, allein wenn ich daran denke, wie oft ich in den Keller rennen müsste, um Sophias Schnuller dort zu holen, wenn er im ersten Stock die Treppe herunter fällt. Doch meine Argumente werden von Margot schnell zerschlagen und ich muss mich leider beugen. Wer wollte noch mal bauen? Schnell wird hier vergessen, wer eigentlich der Bauherr ist.

Doch auch nach dieser Einigung ist noch lange nicht Ruhe. Die Bauphase hat begonnen. Wie ich mich freue. Bereits beim Spatenstich war ich anwesend. „Was ist das denn für ein Quatsch" meinte Margot, als sie hörte, dass Tim und ich den ersten Stich selbst durchführen möchten. „Aber das macht man so" versuche ich zu argumentieren. Sie schüttelt den Kopf und so gehen Tim und ich alleine zum Grundstück, stehen ein Stück Erde aus und stoßen auf unser neues Zuhause an.

Bereits während dem Bau des Kellers ist Margot ständig präsent. Sei es darum, dass ich die falsche Mahlzeit für die Bauarbeiter bereit gestellt habe, der Kaffee zu kalt ist oder andere Dinge nicht passen. Sie mischt sich ein, wo es nur geht. „Babys haben hier nichts zu suchen" werde ich von der Baustelle vertrieben und Schwiegermutter überzeugt sogar Tim. Also sitze ich in der Wohnung, während Margot den Bau putzt.

Klingt zwar im ersten Moment super, aber nur dann, wenn man ganz sicher sein kann, dass ihr dies nicht die nächsten Jahre vorgehalten wird. Aber genau das wird Margot tun. Während ich so mit Sophia daheim faul rumgesessen bin, hat sie arme, alte Frau den Bau sauber halten müssen.

Schnell nimmt unser Haus Formen an und schon steht die Wahl der Wandfarbe an. Da ich wieder einmal in die Wohnung verbannt worden bin, bemerke ich erst zu spät, dass Margot die Farbe für Sophias Zimmer ausgesucht hat. „Was regst du dich denn so auf?" fragt sie mich genervt, als ich sie darauf anspreche. „Es ist doch Biofarbe mit Quarzsand gemischt!" Genau, Quarzsand. Ich wollte aber gerne Wandtattoos an Sophias Zimmer anbringen. Das kann ich nun vergessen, denn die halten an solch einer Wand leider nicht. Wenigstens die Farbvorstellung von mir hat sie übernommen.

Endlich ist es soweit: Wir ziehen um! Alles ist gepackt und auch die Möbelspedition ist schon da. Ich kann es kaum erwarten und freue mich schon auf das Einrichten. Kaum angekommen, erwartet mich der erste Schock. Wer wartet in der Einfahrt schon auf mich? Margot! „Du

brauchst doch bestimmt Hilfe beim Einräumen?"
Ich nicke nur. Doch ehe ich mich versehe, mischt
sie sich schon ein, wo was hingestellt werden soll.
Ich drücke ihr Sophia in die Hand und habe so
Ruhe alles selbst an den Ort platzieren zu lassen, wo
die Möbel auch hin sollen.

Als Highlight in unserem Haus haben wir uns einen
netten Erker gegönnt. Schon kommt hier ein
empörter Aufruft von Margot: „Wie kannst du
unter einem Erker keine Eckbank machen?" Ja, wie
kann ich es wagen? Ich hasse so etwas, denn dann
muss immer einer hinunter und dort putzen. Ich
habe dort mir eine Leseecke vorgestellt und keine
Essbank. Tim schafft es sie zu beruhigen, doch ich
weiß genau, das letzte Wort ist noch lange nicht
gesprochen.

Kaum sind wir eingezogen, die Kisten verräumt,
kommt schon der nächste Ärger auf mich zu. Tim
ist gerade nicht da und ich genieße die ersten
Sonnenstrahlen mit Sophia in unserem Garten. Und
genau über diesen lässt sich gerade Margot aus, als
sie bei mir vor der Tür steht. „Du musst dringend
den Garten machen. Wie der aussieht! Was sollen
denn die Nachbarn sagen?!" Eigentlich ist mir das
wirklich egal, was die Nachbarn sagen. Aber Recht
hat sie, der Garten muss angelegt werden. Schnell
wird klar, wenn ich Hilfe von Margot annehme,

dann heißt das auch, auf eigene Ideen verzichten, denn wer hört schon auf die Schwiegertochter, die ja keine Ahnung von Garten und Pflanzen hat?!

Also heißt es, selbst die Arme hochkrempeln und sich zu Tode ackern, denn nur so kann ich den Garten so gestalten, wie ich ihn gerne möchte. Es gibt noch einen Grund, warum ich lieber auf die Hilfe von Margot verzichten möchte. Was passiert wohl beim nächsten Gefecht, sprich Streit? Richtig, es wird mir vorgehalten, wie undanbkbar ich doch bin, wo sie, Margot, doch so viel für mich getan hat, wie die leidige Gartenarbeit.

# Enkelkinder Teil 2

Bereits 10 Monate wohnen wir nun in unserem neuen Haus. Sophia ist schon 1,5 Jahre und ich erfreue mich immer mehr an ihr. Sie kann schon recht gut laufen und im Garten warten Schaukel und Sandkasten, um von ihr entdeckt zu werden.

Bereits seit einigen Tagen merke ich, dass etwas mit mir nicht stimmt. „Du bist schwanger" sagt Steffi, als sie mich besuchen kommt. „Quatsch" widerspreche ich ihr. Immerhin ist Sophia erst eineinhalb Jahre alt, noch viel zu klein, um schon an Nachwuchs zu denken. Doch Steffi hat Recht. Bereits zwei Wochen später bestätigt es mir ein Test und auch der Arzt gratuliert mir zur Schwangerschaft.

Nun muss es besser werden, kam mir als erstes der Gedanke, als ich von der neuen Schwangerschaft erfuhr. Werde ich Recht behalten oder gibt es wieder eine Enttäuschung wie bei der ersten Schwangerschaft? Seitdem wir hier wohnen steht Margot jeden Tag vor der Tür. Passe ich nicht auf, ist sie mit Sophia auf und davon und ich kann die beiden ewig suchen. Das ist nicht nur nervig, es regt auch auch. Tim sieht das natürlich nicht als tragisch an. Wie sollte er auch, immerhin soll ich ja froh sein, dass sie hier ist und mir zur Hand geht.

Die freudige Nachricht zu überbringen, überlasse ich dieses Mal wieder Tim. Immerhin weiß ich noch, wie Margot bei Sophia reagiert hat. Das mag ich mir ganz gewiss ersparen.

Obwohl ich dachte, dass es während der zweiten Schangerwschaft nun anders wird, muss ich doch schnell erkennen, dass ich mich hierbei geirrt habe. Meine Mama ist wie immer nur auf Shoppingtour und bringt Babysachen an, die ich meist gar nicht brauche. Dennoch freue ich mich über jede Kleinigkeit, die sie vorbei bringt.

Gut, ich muss zugeben, ein wenig hat sich Margot verändert, aber leider nicht so, wie ich es mir dachte. Sobald ich durch die Schwangerschaft ein wenig geplagt bin, schnappt sie sich Sophia und weg ist sie. Fast täglich nimmt Margot sie nun mit. Wenn ich was dagegen sage, dann kommt nur. „Reg dich nicht auf, das ist nicht gut in der Schwangerschaft. Ruh dich aus, ich kümmer mich schon um Sophia!" und weg ist Margot, ehe ich noch etwas erwidern kann. Doch in Wahrheit interessiert Margot einzig und allein Sophia und wie sie meine Kleine richtig gut bestechen kann.

„Doch das ist noch nicht alles" gestehe ich schniefend Steffi, die vorbei kommt, als wieder einmal Margot mit Sophia abgedüst ist ohne ein Wort zu sagen. „Sie mischt auch im Haushalt mit. Sobald ich mich mittags mit Sophia hinlege, beginnt sie in meinem Garten zu werkeln." „Das kann doch nicht wahr sein!" ruft Steffi entrüstet. „Kannst du nichts dagegen unternehmen?" Ich schüttel den Kopf. „Was denn? Tim findet das gut, denn dann muss ich ja schwanger nicht den Garten machen." warf ich ein.

Die Schwangerschaft schreitet voran und noch immer hat sich nicht viel geändert in der Beziehung zwischen Margot und mir. Im Gegenteil ich fühle mich nur noch genervt von mir. Als Sophia gerade vom Mittagsschlaf aufgewacht ist und ich beim Wickeln war, sehe ich, wie Margo mit dem Fahrrad ankommt. Ich schließe die Kinderzimmertür und spiele mit Sophia Mäuschen. Wir hören Margot klingeln, doch wir sind so leise und gehen nicht hin. Es klappt nach einiger Zeit düst Margot wieder ab. Endlich wieder mal ein Tag ohne sie. Ich genieße die Zeit mit Sophia und spiele mit ihr den ganzen Nachmittag, bis Tim nach Hause kommt.

Es ist soweit, die Geburt steht an. Sophia geben wir zu Steffi, denn Margot mag ich sie nicht bringen. Da hätte ich keine ruhige Minute bei und ich sollte mich ja auf die Geburt konzentrieren. Ich habe Glück, bereits eine Stunde nach dem Blasensprung kann ich unseren Sohn Lukas in den Armen halten. Er ist so süß und ganz anders als Sophia. Ja ich weiß, er ist ja ein Junge. Tim verabschiedet sich und holt Sophia von Steffi ab. Ich genieße die Zweisamkeit mit Lukas und schmuse mit ihm. Bereits am nächsten Tag steht meine Mama vor der Tür. Sie hat viele kleine Geschenke dabei und auch Nina und Steffi kommen vorbei. Es wird viel gelacht und auch Lukas wird stolz herumgereicht, denn jeder möchte ihn gerne einmal halten.

Eine Überraschung erwartet mich am am zweiten Tag nach der Entbindung. Ich komme gerade mit Lukas aus dem Stillzimmer, als ich Margot und Norbert in meinem Zimmer entdecke. Ich atme tief durch und begrüße sie. „Wir bleiben nicht lang, wir wollten nur eben unseren Enkel besichtigen" kommt als Erwiderung. Ok, ich zeige ihnen Lukas, doch auf den Arm wollen sie ihn wieder nicht nehmen, dabei haben sie doch jetzt Sophia solange, da wissen sie doch, dass nichts geschehen kann. Naja, dann eben nicht. Sie bleiben knappe zehn Minuten, ehe sie sich wieder verabschieden. Margot reicht mir noch eine Karte mit dem Kommentar: „Er kann ja von Sophia alles noch nehmen, daher nur ein wenig Geld" Natürlich kann Lukas vieles von Sophia aufbrauchen, doch er ist ein Junge, er trägt gewiss keine rosa Kleidung und spielt auch nicht nur mit Puppen. Zwei Tage später werde ich entlassen und wir sind nun zu viert in unserem Haus.

Der Alltag hat uns schnell ein. Margot kommt zwar noch immer fast täglich, aber Sophia nimmt sie wenigstens nicht mehr mit. Sollte nun endlich der Frieden einkehren, den ich mir so gewünscht habe?

# Geschenke und Spielzeug der Enkelkinder

Omas sind die besten Freunde der Kinder, denn sie bringen immer viel Spielzeug und Schokolade mit. Da lacht das Kinderherz, wenn es heißt, die Oma kommt. Doch Margot übertreibt hier immer maßlos. Auch ein Hinweis, dass sie weniger Süßigkeiten geben soll, wird ignoriert. Doch warum ist das so? Verbirgt sich dahinter eine Krankheit? Doch nicht nur die Schwiegermütter sind davon befallen, auch die eigenen. Ich muss wohl der Sache auf den Grund gehen.

Steffi kommt gerade zu Besuch und da Sophia und Lukas schlafen, haben wir Zeit für ein Gespräch. Ich erzähle ihr das Problem mit den vielen Süßigkeiten. „Wie macht es denn deine Mama so?" fragt mich Steffi. Ich überlege. „Wenn ich es ihr sage, dass sie nicht jeden Mist kaufen soll, dann hält sie sich größtenteils auch daran. Ich muss ihr nur klar definieren, was ich unter „Mist" verstehe und dann klappt das auch. So bringt sie weniger Schokolade mit und an den Geburtstagen und anderen Festen sprechen wir uns ab, was sich Sophia und jetzt auch Lukas wünschen oder brauchen und das kauft sie dann auch." „Und wie sieht es bei Margot aus?" hakt

Steffi weiter nach. „Also bei der Kleidung schaffe ich es oft, dass ich ihr sagen kann, was ich brauche, beispielsweise einen Pullover oder ein T-Shirt, aber bei der Farbwahl lässt sie sich nicht reinreden. Oft gibt es hier den größten Ärger, besonders seit Sophia reden kann." „Wieso was macht denn Sophia?" fragt Steffi. „Naja letztens hat Margot eine orangefarbene Jacke mitgebracht und sie Sophia gegeben. Sophia hat sie angesehen und gesagt, dass sie diese nicht mag, sie sei hässlich. Margot ist ausgerastet und hat mich angeschrien, warum ich Sophia gegen sie aufhetze und bisher hat Sophia doch alles angezogen, was sie gekauft habe. Tja du siehst, da geht der Ärger von vorne los. Auch beim Thema Spielzeug und Schokolade hält sie sich an keine Absprachen. Sie überhäuft uns regelrecht damit" erzähle ich Steffi. „Wenn es wirklich eine Krankheit bei Omas ist" nehme ich meinen Gedankenfaden von vorhin wieder auf, „ dann müsste man das doch auch heilen können oder?" Steffi sieht mich skeptisch an. „Wieso magst du ihr das Geld wegnehmen?" Das wäre doch die Idee, aber das klappt nicht wirklich und ist nur wieder ein Wunschdenken von mir. Gut, wenn Sophia älter ist, dann kann sie wenigstens sagen, was sie will oder nicht. Doch wenn sie weiß, dass Oma ihr alles kauft, dann habe ich da auch wieder ein Problem, da Sophia das dann ausnutzen wird. „Hm", unterbricht Steffi meine Gedanken, „ du könntest ja, um Streit zu vermeiden, die Geschenke annehmen und dann diese an Sophia und Lukas nach und nach weitergeben." Ja die Idee klingt gut, doch Margot wird darauf bestehen, dass sie dabei ist, wenn die Kids es auspacken. Ich schüttel mit dem Kopf, hierfür wird es wohl keine Lösung geben.

# Ungerechte Behandlung der Enkelkinder

Zuerst viel es mir gar nicht auf, erst als Steffi mich
ansprach. „Du kann es sein, dass Margot
Unterschiede macht?" „Unterschiede in was?"
hakte ich nach. „Naja ist dir nicht aufgefallen, was
Sophia alles so geschenkt bekommt und was
Lukas?" Sie hat Recht, als Sophia auf die Welt kam,
gab es neben der Spieluhr noch Geld. Zudem wurde
es dann mehr, als es um die Taufe ging. Neben
einem Kreuz für das Zimmer, kam noch ein
Weihwasserbecken und viele andere Kleinigkeiten
dazu. Bei Lukas hieß es nur, „ach ihr habt ja schon
alles, da wollten wir nichts kaufen, hier habt ihr ein
wenig Geld" Mit ein wenig war da nicht
übertrieben, denn es waren wirklich nur 20 Euro.
Das ist ständig so und ich frage mich, woran das
liegt. Ok, ich weiß, dass Margot immer eine Tochter
wollte, aber nur zwei Jungs hinbekommen hat. Gut,
das klingt nun etwas böse, denn man kann es sich ja
nicht aussuchen, welches Geschlecht man bekommt.
Dennoch habe ich das Gefühlt, dass es genau
deshalb so ist und sie deswegen Sophia so
bevorzugt!

Aber nicht nur die Menge der Geschenke zeigt,
diese Ungerechtigkeit, auch die Größe und den
Wert. Sophia bekommt einen Kaufmannsladen zum

Geburtstag. Ist ja toll, sie hat sich gefreut und mit zwei Jahren kann man da ja schon eine Menge mit anfangen. Als Lukas ein Jahr wird, bekommt er Plastikobst und Gemüse. Auf meine Frage, was er damit soll, hieß es nur von Margot: „Na für Sophias Kaufmannsladen. Sie braucht doch noch Obst und Gemüse!" „Margot, Lukas hat Geburtstag, nicht Sophia!" versuche ich nachzuhaken. „Ja und, dann ist es halt für beide!" kommt es pampig zurück. Tja was will man da noch sagen? Ich weiß nur, dass ich das mir für die Zukunft merken werden, denn sollten diese Ungerechtigkeiten weiter so gehen, werden wir das wohl mit Geschenken ausgleichen müssen.

Ich habe mal im Bekanntenkreis herumgehorcht, ob es bei ihnen auch so etwas gibt. Ja gibt es. So hat die eine Oma einen Liebling, der alles bekommt. Jedes noch so neue, teure Spielzeug wird gekauft, während der andere Enkel, nur gebrauchtes vom Flohmarkt erhält. Wo bleibt da die Gerechtigkeit? Ich habe ja auch nichts gegen Flohmarktartikel, sofern sie noch in Ordnung sind!

Ebenso hat mir eine andere Freundin auch eine lustige Geschichte erzählt. Sie hat einen großen

Sohn und ein kleine Tochter. Altersunterschied sind hier zwei Jahre. Was sich der Sohn auch wünscht, Oma und Opa kaufen es, egal wie teuer. Anders sieht es bei der Tochter aus. Sie bekommt immer nur Kleinigkeiten und das meist auch noch gebraucht. Der Sohn hat das mit seinen 7 Jahren nun langsam gemerkt und auch die kleine Schwester mit 5 Jahren findet das nicht so toll. So haben sie einen Deal gemacht: Die kleine wünschte sich ein Spielhaus für draußen. Kostenpunkt um die 100 Euro. Also gab es der Junge der Oma weiter und wirklich gab es das Haus zum Geburtstag. Als er es dann auspacken sollte, damit der Papa und Opa es aufbauen könnten, meinte der Junge nur: „Wieso ist doch nicht für mich, das habe ich mir für meine kleine Schwester gewünscht!" Tja da haben alle nicht schlecht geschaut!

Doch wird das bei uns auch passieren? Besonders das letzte Beispiel zeigt, dass Kinder es irgendwann merken, wenn ein Enkel beliebter ist, als das andere. Bei Margot ist das auch schon der Fall, was sie natürlich bestreitet. Sie mache keine Unterschiede. Vielleicht sollte ich mal Unterschiede bei ihrem Geschenk machen und auch etwas vom Flohmarkt holen.

Ich glaube, wenn es nach Margot gehen würde, dann müsste Lukas noch die gebrauchten Windeln von Sophia abtragen. Immer heißt es, „wir brauchen doch Lukas nichts schenken, ihr habt doch schon so viel von Sophia!" Ich kann Margot noch so oft darauf hinweisen, dass Lukas ein Junge ist und Sophia ein Mädchen und das jedes Geschlecht so seine eigenen Spielsachen hat. Sie schraubt ja auch nicht am Motorrad rum sondern kocht. Obwohl, vielleicht sollte ich ihr zu Weihnachten Schrauben schenken und Norbert dann einen Kochlöffel, das wäre doch mal der HIT!

# Besuchsrecht und andere Rechte

Sophia ist nun schon seit einer Woche krank. Auch Lukas hat sich angesteckt und so verlassen wir kaum das Haus. Tim erledigt die Einkäufe und hat auch Margot gesagt, dass sie uns in Ruhe lassen soll. Es klappt, ok nicht ganz, statt dass sie jeden Tag auf der Matte steht, ruft sie nun mehrmals täglich an. Natürlich nicht um zu fragen, wie es den Kindern geht, sondern ob Tim etwas braucht, ob es dem armen Jungen gut geht und er vielleicht warmes Essen braucht. Gut, dass Tim dieses Mal nicht nachgibt und sie nicht zu uns bittet.

Nach knapp zwei Wochen sind wieder alle gesund. Wir planen eine Woche Urlaub zu machen und einen Tapetenwechsel vorzunehmen. Wir besuchen meine Oma in der Schweiz, da sie die Kinder nur zweimal bisher gesehen hat. Aufgrund ihres hohen Alters kann sie uns nicht mehr so oft besuchen. Also fahren wir zu ihr. Leider ist die Woche viel zu schnell rum, doch den Kindern und auch uns hat es so gut gefallen, dass wir schon den nächsten Urlaub bei ihr geplant haben. Kaum sind wir zu Hause angekommen, die Koffer ausgeladen und die Kinder ins Bett gebracht, klingelt es an der Tür. Es ist acht Uhr, wer sollte jetzt noch etwas von uns wollen? Es ist Margot! „Wo wart ihr die Woche und warum darf ich meine Sophia nicht sehen!" Zwei, nein gleich drei Dinge stören mich allein an diesem Satz. Erstens, wo waren wir! Warum haben wir uns eigentlich nicht bei Margot abgemeldet. Zweitens, warum sie Sophia nicht sehen darf. Na nicht dürfen, hat ja keiner gesagt, wir waren erst krank und dann waren wir bei meinr Oma in der Schweiz, so einfach ist das. Genau das erklärt Tim gerade seiner Mutter, während ich Punkt drei durchgehe. Warum nur Sophia? Was ist denn mit Lukas? Will sie den denn nicht sehen? „Es ist mein Recht als Oma, dass ich meine Enkelkinder sehen darf! Zudem müsst ihr mich informieren, wenn sie krank sind oder ihr in den Urlaub fahrt!" Ich höre genauer hin und beschließe mich jetzt in die Unterhaltung einzumichen. „Wieso sollten wir das tun, Margot? Du bist nur die Oma, nicht die Mutter. Wenn wir möchten, dass du etwas erfährst, dann sagen wir es dir, wenn nicht, dann musst du das auch akzeptieren." „NUR die Oma!" Margots Kopf wird rot vor Wut. „Das wird ein Nachspiel haben! Das hast du nicht umsonst gesagt!" schreit sie und verlässt unser Haus. Super, das Spiel beherrsche ich ja nun einwandfrei, doch die Konsequenzen mag ich mir gar nicht ausdenken. Tim schüttelt nur den Kopf, murmelt noch „Das hättest du nicht sagen dürfen" und geht in sein Büro. Die nächste Tür fällt ins Schloss und ich fühle mich elend. Ich beschließe mich ins Bett zu legen und noch etwas zu lesen. Morgen muss ich dringend mit Steffi darüber reden, denn eines geht mir nicht mehr aus dem Kopf: Welche Rechte haben Großeltern?

Am nächsten Morgen macht Tim mit Sophia und Lukas einen Versöhnungsbesuch bei seinen Eltern. Ich habe darauf keine Lust, warum auch, ich habe nichts Unrechtes getan und beschließe Steffi zu besuchen. Immerhin möchte ich ihr die Bilder von unserem Urlaub in der Schweiz zeigen und ihr auch gleich das von Margot erzählen. Als wir auf das Thema Rechte der Großeltern kommen, erklärt mir Steffi:" Wie du wusstest es nicht. Auch Schwiegereltern haben Rechte. Pass auf, ich erzähle dir nun die netten Paragraphen im Überblick:

§1 Sie haben das Recht sich immer und überall einzumischen. Das meiste Recht hat der Schwiegerdrache.

§2 Sie haben mindestens jeden Tag Besuchsrecht bei ihrem Sohn.

§3 Sie haben auch jeden Tag Besuchsrecht bei den Enkelkindern.

§4 Schwiegerdrachen haben das Recht für ihre Söhne das Essen zu kochen.

§5 Schwiegereltern haben Mitspracherecht bei der Garten- und Wohnungsgestaltung.

§6 Schwiegermonster haben das Recht beim Einkauf der Kleidung ihres Sohnes dabei zu sein.

§7 Als Schwiegertochter hat man die Pflicht, sich täglich bei der Schwiegermutter zu melden, um ihr mitzuteilen, wie es den Enkelkindern und ihrem Sohn geht.

§8 Als Schwiegermonster hat man das Recht, sich in die Erziehung der Enkelkinder einzumischen.

§9 Schwiegermonster hat das Recht, ihren Sohn zur Arbeit abzuberufen, egal wann und um welche Uhrzeit.

§10 Bei Krankheit der Enkelkinder und des Sohnes, hat die Schwiegermutter das Recht ihre Medizin den Kranken zu geben, ohne Erlaubnis der Schwiegertochter."

„Das meinst du jetzt aber nicht im Ernst, oder?"
frage ich lachend Steffi. Sie lacht ebenfalls. „Du
solltest sie dir aufschreiben und einprägen, denn bei
einem Rechstverstoß kann es zu harten Strafen
kommen" „Wie Strafen?" frage ich. „Bei Vergehen
von einer Missachtung drohen eine Stunde
Zusammensein mit der Schwiegermutter. Werden
schon zwei Paragraphen missachtet, wird die Strafe
auf vier Stunden erhöht. Werden bis zu fünf
Paragraphen nicht beachtet, droht einem Arrest, das
bedeutet einen Tag mit deiner Schwiegermutter
verbringen, die den ganzen lieben langen Tag
meckert." erklärt mir Steffi. Ich muss lachen.

„DAS ist nicht dein Ernst, solche Strafen mag ich
vermeiden" pruste ich los. „Es geht noch weiter:
„Bei Missachtung aller Paragraphen droht ein Streit
großen Ausmaßes, der bis zu einigen Wochen
Funkstille bedeutet." „Die gefällt mir!" Ups, das
war wohl die falsche Strafe, denn nun wird es wohl
nur so vor Funkstillen in Deutschland wimmeln?!
Das sollte jede Schwiegertochter wissen, die solch
einen Drachen, wie ich hat. Das Gespräch hat mit
gutgetan und guter Laune ging es dann wieder nach
Hause. Tim teilte mir mit, dass die Kinder bereits
schlafen, da sie bei der Oma schon gegessen haben
(wieder einmal nur Suppe) und das sich seine Mama
auch wieder beruhigt hat. Super, das heißt, sie wird
wohl morgen wieder vor der Tür stehen.

Es herrscht wieder Normalität bei uns. Margot steht wie gewohnt täglich auf der Matte und nervt wie sont auch. Zudem redet sie mir ständig rein, dass ich faul sei, den Haushalt nicht auf die Reihe bringe und das obwohl ich doch zu Hause bin. Bin ich das wirklich, oder sieht nur Margot das wieder?

Viele Mütter entscheiden sich, bei der Geburt ihres Kindes drei Jahre zu Hause zu bleiben. Normalerweise spricht auch nichts dagegen, sofern man keinen Schwiegerdrachen zu Hause hat. Denn Margot sieht darin eher eine Faulheit, insbesondere dann, wenn sie wieder einmal unangemeldet vor der Tür steht und der Haushalt gerade mal  nicht in Ordnung ist, dann wird noch weiter gelästert, dass man schon den ganzen Tag zu Hause sei und es nicht mal schaffe, den Haushalt ordentlich zu halten. Doch laut Steffi ginge es nicht nur mir so, auch Nina beklagt sich ständig darüber, dass ihre Schwiegermutter das zu ihr sagt.

Um sich diesem Urteil nicht länger beugen zu müssen, suchen sich viele Mütter eine Nebentätigkeit. Entweder sie nehmen einen 400

Euro Job an und machen mit ihrem Mann eine Art Jobsharing, das heißt, sobald er daheim ist, geht sie arbeiten. Andere wählen die Heimarbeit. Ob Texte schreiben, Diktierarbeiten, oder Telefondienst, die Liste der Angebote von zu Hause aus ist groß. Doch ein Übel bleibt dennoch. Wie schafft man es Beruf, Kind und Haushalt unter einen Hut zu bekommen?

Befindet sich erst ein Kind im Haushalt, kann vieles noch gut nebenbei erledigt werden. Schlimmer sieht es bei zwei oder mehreren Kindern aus. Unordnung ist hier täglich vorprogrammiert. Besonders schlimm ist die Zeit im Alter von 0 bis 5 Jahren. Viele junge Mütter, die dennoch nebenbei arbeiten möchten, sehen nur eine Lösung: Haushaltshilfe, sprich Putzfrau.

Auch ich entschließe mich, eine Putzfrau einzustellen. Ich möchte wieder arbeiten, zwar von zu Hause aus, aber da reicht die Zeit dann nicht mehr, alles unter einen Hut zu bringen, immerhin möchte ich auch noch Zeit für die Kinder. Eine Putzfrau ist schnell gefunden und so darf ich den Luxus von einer sauberen Wohnung, wenigstens einmal die Woche, genießen. Doch wie wird Margot darauf reagieren? Noch hat sie nicht davon erfahren. Gerade heute, als Petra, meine Putzfrau da ist, taucht Margot auf. Gleich ist eine ablehnende

Haltung zu erkennen. „Also zu meiner Zeit war das aber nicht üblich, sich eine Putzfrau zuzulegen! Ich habe auch gearbeitet und mich um die Kinder gekümmert, aber eine Putzfrau kam hier nicht rein!" „Margot, früher war das anders, ich habe zwei Kinder, die versorgt werden wollen und ich muss arbeiten, da bleibt einfach der Haushalt auf der Strecke." versuche ich das Ganze zu schlichten. „Naja, wenn du meinst" kommt nur als Antwort und Margot geht wieder.

Doch wer hat eigentlich gesagt, dass ich michdafür rechtfertigen muss? Niemand! Lasst sie doch meckern, sie ist doch eh nur neidisch, dass nun unser Haushalt immer schön sauber ist, wir Geld verdienen und dennoch Zeit für die Familie haben. Besser kann es uns nur noch gehen, wenn wir wie ein Wunder eine liebe, nette und führsorgliche Schwiegermutter bekommen würden. Jaja, das Träumen kann mir eben nicht verbieten! Schön wäre es, wenn Margot aufwachen würde und lieb und nett zu mir wäre. Ja das wäre schön, doch diesen Tag wird es wohl nie geben!

# Netter Brief zu ungelegenen Zeiten

„Sie hat es schon wieder getan" platze ich heraus. „Was hat wer getan?" fragen Nina und Steffi wie aus einem Mund. Wir haben uns zu einem Mädelabend verabredet, der erste, seit dem die Kinder auf der Welt sind. Tim wollte sich um die Kids kümmern, sodass ich auch einmal einen freien Abend habe. Doch diesen kann ich nicht wirklich genießen. „Margot hat mal wieder einen ihrer berühmten Briefe geschrieben" erzähle ich weiter. „Wieso das denn? Ich dachte, es läuft zur Zeit ganz gut?" fragt Steffi. „Ja lief es ja auch, bis vor zwei Wochen. Seit dem hängen Sophia und Lukas wie Kletten an mir und wollen nicht zur Oma. Sie nimmt es mal wieder persönlich und auf der Schiene, sie dürfe die Kinder nicht sehen. Weil sie mir nicht glaubt, hat sie Tim einen Brief geschrieben" Natürlich ging der Brief nicht an mich, wieso auch, nein er wurde mal wieder an Tim adressiert. Sie will sich ja nicht die Blöße geben. Was wohl Margot herbei vergisst, ist die Tatsache, dass ich dennoch in den Genuss dieses Briefes komme. Seit wann können Männer uns so etwas verheimlichen oder sogar vor uns verstecken? Tim kann das gewiss nicht und so durfte ich ihn gleich nach ihm lesen. „Was stand denn im Brief?" wollte Nina wissen.

„Begonnen hat sie mit der traurigen Feststellung, dass sich der liebe Sohn von seinen Eltern, und insbesondere von ihr entfernt hat. Nach dieser traurigen Laier folgte ihr Leid. Sie hat sich dann über mich hergemacht, dass es nur so kracht. Zwischendurch hat sie dann sogar noch die Enkelkinder mit hineingezogen, die ja so sehr ihre Omi vermissen. Und zu guter Letzt appelliert sie an Tim, dass er es sich nicht bieten lassen soll, wie seine Frau die eigene Mutter behandelt. Er soll etwas unternehmen. Doch das ist noch nicht alles. Denn anscheinend ist die Sache so festgefahren für sie, dass sie noch Beschimpfungen von sich lässt. So hält sie Tim vor, dass er wegen mir damals zu früh bei ihnen ausgezogen ist und ich der Teufel in Person sei. Es ist sogar so eskaliert, dass sie geschrieben hat, dass er Vernunft annehmen, die bereits gesponnenen Fäden von mir an seinem Kopf zerreißen und mich verlassen soll. Das mit den Kindern wird sie schon regeln, dass er das Sorgerecht bekommt." Mir kommen die Tränen, denn der letzte Satz hatte mich bereits beim Lesen sehr aufgewühlt. „Aber ihr seid doch verheiratet" wirft Nina ein. „Na und, das stört doch Margot nicht!" erwiderere ich. „Wusstet ihr, dass eine Statistik belegt, dass viele Scheidungen aufgrund von Streitigkeiten mit der Schwiegermutter durchgeführt werden." wirft

Nina ein. „Na und, das stört doch Margot nicht!" erwiderere ich. „Wusstet ihr, dass eine Statistik belegt, dass viele Scheidungen aufgrund von Streitigkeiten mit der Schwiegermutter durchgeführt werden." wirft Steffi ein. Super, als ob mich das nun aufbaut. „Doch wie reagiere ich nun auf diesen Brief" frage ich in die Runde? Langes Schweigen. „Wie wäre es, wenn du ihr einen Brief zurückschreibst?" fragt Nina.

Eigentlich eine gute Idee, aber der Brief war doch an Tim gerichtet. Andererseits ging es ja wieder um mich in diesem Brief, also auch mein gutes Recht darauf zu reagieren. „ Willst dur dir wirklich diese Arbeit machen und dich hinsetzen und einen bösen Brief verfassen? Nein, auf dieses Niveau solltest du dich nicht herablassen." entscheidet Steffi und die Idee löst sich in Luft auf. „Wie wäre es mit einem persönlichen, klärendem Gespräch?" frage ich. Steffi schüttelt mit dem Kopf. „ Naja, wie verlaufen diese klärenden Gespräche? Genau, meistens beginnen und enden diese mit einem Streit. Außer du möchtest deinen Punkterekord vom Spiel brechen, dann nur zu! Ansonste sei dir gesagt, lass die Idee schnell wieder fallen, sie bringt dir nur Ärger ein!"

Schade, hätte noch gut Punkte gebrauchen können auf meiner Liste. Aber Steffi hat Recht, das ist nicht

Sinn der Sache und klärt auch nicht den bösen Brief, eher würde dann noch einer folgen. „Wie wäre es mit einfach ignorieren?" fragt Steffi nun in die Runde. Das ist ja einmal eine gute Idee. Doch was mache ich, wenn sie dennoch täglich bei mir auftaucht und mich beschimpft oder rum meckert? Sie ignorieren wird da nicht sehr einfach werden. Kommt sie kaum vorbei oder ruft sie auch nur selten an, kann diese gewählte Reaktion wirklich gut sein.

Ich gebe meine Bedenken bekannt und wir grübeln weiter nach einer Lösung. „Wie wäre es, wenn ich Margot ärger und lieb und nett zu ihr bin, so als sei nichts geschehen?" Die anderen nicken mir zu. Wir haben eine Lösung gefunden. Oh ja, das ist doch einmal eine gute Idee, oder nicht? Kreuzt Margot die nächsten Tage bei mir auf, dann wird sie ihr blaues Wunder erleben. Sie weiß ja, dass ich den Brief gelesen haben muss, immerhin habe ich ihr erst vor kurzem wieder erklärt, dass Tim und ich keine Geheimnisse haben. Dennoch bleibe ich nett und freundlich und bieten ihr noch einen Kaffee an. „Was glaubt ihr, wie sie schaut, dass ich ihr dann keine Szene mache? Sie wird sich die ganze Zeit fragen, was ich im Schilde führe! Sag Steffi, bekomme ich da nicht noch Extrapunkte?" Wir sehen uns an und prusten los. Ja es wird ein Spaß werden. Vielleicht macht sie sich Gedanken, ob ich ihr Rhizinusöl oder Glaubersalz ins Essen gemischt habe. Ja, sie wird diesen Besuch nicht genießen. Aber ich schon, denn wenn sich das Monster ärgert, dann habe ich wenigstens mal einen Grund um glücklich zu sein!

Und wirklich taucht Margot einige Tage nach diesem Brief bei uns auf. Ich beherrsche mich und bin nett und freundlich zu ihr. Leider verfehlt es doch meine gewünschte Wirkung oder Margot zeigt es nicht. Jedenfalls wird es ein ruhiger Nachmittag und Margot verschwindet relativ schnell wieder. Also doch ein kleiner Erfolg!

# Erpressung in höchster Not

Eigentlich dachte ich, dass solch ein Brief von Margot schon das schlimmste ist, was sie mir antun kann, mal abgesehen von den Dauerbesuchen und Anrufen. Es geht jedoch noch eine Spur härter, wie ich nun am eigenen Leib spüren durfte. Das Wort ERPRESSUNG schwebt über meinem Kopf. Erpressung gehört mit zum Werkzeug einer Schwiegermutter. Egal, um welche Angelegenheiten es geht, sie setzt dieses Druckmittel gerne ein. Auch Margot nutzt es sehr gerne.

Erst dachte ich, es geht mal wieder ums Geld, doch nicht alles dreht sich gott sei dank darum. Dennoch ist es nicht ganz auszuschließen. Tim hat eine Weile Geld von seinen Eltern zugesteckt bekomme. Besonders sein Vater hat es gern im Geheimen getan. Doch leider wird genau das zum Erpressungsgrund, wenn der nächste Streit bei uns ausgebrochen ist. Schnell halten Margot und Norbert das uns nun vor, wenn sie wieder etwas nicht bekommen haben, bzw. etwas wollen, wie die Enkelkinder öfter sehen oder andere Dinge. Sie wissen genau, dass sie das nur durch Erpressung dann

Schlimmer wird es, wenn die Erpressung soweit geht, dass es sogar den eigenen Sohn trifft. Tim wollte einem guten Freund aushelfen und ihm seine Wohnung, sprich das Penthouse indem wir früher gewohnt haben, vermieten. Tim konnte sich die Wohnung jedoch nur leisten, weil seine Eltern ihm damals das Geld gegeben haben. Als sie nun davon erfuhren, ging der Streit los. Grund hierfür war nicht, dass er es vermieten, sondern weil er es kostenlos zur Verfügung stellen wollte. Genau das störte sie, immerhin hat es ja Geld gekostet. Zudem muss er ja zwei Kinder und eine geldgeile Frau ernähen, da brauche er das Geld. Der Streit ging soweit, dass jeder jeden anschrie und Margot und Norbert das Haus verließen. Kaum war die Tür zu, griff Tim zum Telefon. „Wen rufst du an?" frage ich ihn. „Ich werde Robert sagen, dass ich ihn nicht in das Penthause ziehen lassen kann." Ich traute meinen Ohren nicht. „Du willst doch nicht Margot und Norbert Recht geben? Es ist deine Wohnung!" sagte ich aufgebracht. „Du hast doch gehört, was sie gesagt haben. Wenn ich es mache, dann wollen sie das Geld von mir wieder haben, das sie mir damals dafür geschenkt haben. Das Geld habe ich aber nicht!" Und so kam es, dass Robert nicht einziehen durfte.

Doch wie kann man auf Erpressungen reagieren? Solange sie nichts Schriftliches in der Hand haben, kann eigentlich gar nichts passieren. Ja ich meine „eigentlich", denn jetzt kommt es auf den Mumm von Tim an. Traut er sich, sich gegen seine Eltern aufzulehnen, dann ist das kein Problem. Doch hat er leider nicht den Mut dazu, dann kuscht er und versucht es seinen Eltern recht zu machen und schon wird dafür ein anderer im Stich gelassen. Und so geschah es ja auch mit Tim. Ich als Schwiegertochter habe leider sehr wenig in der Hand, um etwas dagegen unternehmen zu können. Klar kann ich auf Tim einreden, doch aus Liebe zu seiner Mutter, verzichtet er auf jeden Streit, geht jeden Kompromiss ein, nur damit der Frieden gewahrt wird.

# Streit wegen der Schwiegermutter

Ein Monster kommt selten allein, wenn sie geht, hinterlässt sie eine Spur, aus Streit und Ärger. Kurzum, es geht um den meist täglichen Streit mit Margot. Er häuft sich mal wieder und schneller als ich denke, ist es mal wieder soweit eskaliert, dass man sich nur noch anschreit.

Oftmals sind es nur banale Dinge, die ich mit Tim wegen seiner Mutter besprechen möchte, doch meist endet dies in einem Streit. Allzu oft hält Tim lieber zu seiner Mutter, als zu mir. Frage ich ihn nach dem Grund, dann heißt es immer nur: „Ich bin doch auf deiner Seite, aber du bist auch nicht immer nett zu meiner Mutter. Vertragt euch doch wieder!" Diese beiden Sätze höre ich eindeutig zu oft. Partei für eine Seite ergreifen ist für Tim viel zu schwer, also wird es oft nie eine Lösung geben. Er möchte halt den Frieden wahren, wie er immer so schön sagt und er versteht ja beide Seiten. Schön wäre es, wenn er mich vestehen könnte, was ich mit Margot alles durchmachen muss.

Es ist Donnerstag. Tim ist bei Ben, seinem Bruder und hilft wieder einmal beim Motorrad, anscheinend ist es ständig defekt. Margot hat sich Sophia um vier geholt und ich bin mit Lukas alleine.

Sophia sollte um sechs gebracht werden. Leider ist es schon halb sieben und Sophia ist immer noch nicht da. Kurz vor sieben, trudelt dann auch Margot endlich ein. „Warum kommt ihr so spät?" frage ich. „Jetzt hab dich doch nicht so, wir sind ja nun da!" kommt die patzige Antwort von Margot. Sie macht es immer so. Nie hält sie sich an die angegebene Zeit. Auch mit Tim habe ich bereits darüber gesprochen, doch er sieht es nicht so ernst. Es sind eben diese kleinen Dinge, die mich nerven. Wenn ich dann zu Tim sage:„Deine Mutter hat heute wieder die Kinder später heim gebracht, als vereinbart!", dann schüttelt er meist nur den Kopf, denn er sieht das nicht als Provokation, wie ich es sehe, sondern eher als ein Versehen. Das dieses „Versehen" schon seit Wochen geht und meist diese Verspätung über 30 Minuten sind, wird hinweg gesehen. Ich habe sogar versucht, die Zeit vorzulegen, dann sind sie ausgerastet, warum sie Sophia jetzt nicht mehr bis sechs haben dürfen, sondern um halb sechs bringen sollen. Als ich dann erwiderte, dass sie ja nie pünktlich seien, waren sie sauer und sind wütend abgedampft.

Ich bringe Sophia ins Bett und kurz danach treffen Steffi und Nina ein. Tim hat angerufen, dass er bei Ben schläft und so habe ich noch schnell ein Mädelsabend arrangiert. Kaum sind die beiden da und wir machen es uns gemütlich auf dem Sofa, erzähle ich ihnen von Margot und dass sie ständig Sophia zu spät nach Hause bringen. „Ich kenn das von einer anderen Freundin. Ich weiß nicht, ob ihr Sabine kennt.." beginnt Steffi das Gespräch. Sabine ist ebenfalls eine Freundin von uns. Sie ist verheiratet, hat ein Kind und eine recht nervige Schwiegermutter, die zwei Häuser weiter wohnt. „Bei ihr kam es letztens zu einer Kurzschlussreaktionen, als es mal wieder Streit kam. Sabine und ihr Mann haben sich bezüglich der Schwiegermutter sich gestritten und dann ist es eskaliert. Er wollte seine Eltern besuchen, obwohl es noch einen offenen Konflikt dort gab. Sie war recht wütend, denn warum ihnen wieder in den Hintern kriechen und so tun, als sei nichts geschehen. Jedenfalls hat sich Sabine geweigert, dort hin mitzugehen. Er hat es nicht vestanden, hat die Kinder geschnappt und ist los zu seinen Eltern. Sabine war so sauer, dass sie den Telefonhörer genommen hat und ihre Schwiegermutter angerufen hat. Sie schrie ins Telefon, dass sie es geschafft haben und sie die Scheidung einreichen wird." „Und was ist dann passiert?" frage ich. „Nun sie hat aufgelegt und Schwiegermutter hat wohl probiert zurückzurufen. Natürlich ist Sabine nicht ans Telefon gegangen. In der Zwischenzeit ist ihr Mann angekommen und der hat dann alles

abbekommen. Er wusste ja nichts davon."
erzählt Steffi weiter. „Gab es dann noch mehr
Streit danach? Hat Sabine die Scheidung
eingereicht?" fragt nun Nina. „Nein, hat sie
nicht. Als ihr Mann heimkam, hat sie mit ihm
darüber geredet und dann war es wieder ok.
Nur ihre Schwiegereltern fanden das nicht so
toll. Im Gegenteil ein paar Tage später sind sie
aufgetaucht und haben gefragt, ob sie die
Scheidungspapiere schon eingereicht habe." Das
finde ich heftig. Doch wie würde auf dieses
Thema Margot reagieren? Würde sie ebenfalls
nachfragen, ob ich schon einen Anwalt hätte?
Nein ich glaube, sie wäre noch dreister und
würde mir gleich einen mitbringen, damit er die
Scheidungspapiere aufsetzen kann. Aber kann
ich sie nicht damit auch ärgern? Nein, ich glaube
das werde ich mir nur antun, wenn sie wirklich
extrem böse zu mir ist, denn das blöde Gerede
von ihr möchte ich gerne vermeiden.

Wir wenden uns schöneren Dingen zu und ich
erzähle Stffi und Nina noch, das wir planen in
den Urlaub zu fahren. Wohin es geht, wissen wir
noch nicht, auch, wann es losgehen soll, ist noch
unklar. Die Planung jedoch soll bald beginnen!

# Urlaub – oder oh weh, sie kommt mit!

Tim schlägt vor, dass wir uns eine Auszeit gönnen und in den Urlaub fahren. Es soll ein Familienurlaub werden. Was er jedoch unter Familienurlaub genau meinte, das wird mir erst viel später klar werden. Der Urlaubskatalog wird nun gewälzt und kurze Zeit später ist der nächste Familienurlaub gebucht. Hach, wie ich mich freue. Es geht nach Spanien und wir können endlich uns einmal erholen, ohne das Margot ständig bei uns vor der Tür steht.

Der Urlaub rückt immer näher, die Koffer sind schon fast gepackt, die Freude wird immer größer und dann klingelt es an der Tür. Eine innere Stimme sagt mir noch, nicht öffnen, tue es nicht! Doch schon hat Tim sie geöffnet und juhu, meine ach so liebe Schwiegermutter steht vor der Tür. Sie habe eine freudige Nachricht. „Stellt euch vor, wir konnten das gleiche Hotel buchen wie ihr, und auch noch zur gleichen Zeit. So können wir gemeinsam Urlaub machen!" Oh nein, mein Herz schreit, was hat sie gerade gesagt? Das kann sie nicht ernst gemeint haben, oder? Ich sehe Tim an, doch der schüttelt nur mit dem Kopf. Und damit ich es noch einmal hören kann, sagt sie den Satz, der mir das Herz gefrieren lässt: „Wir kommen mit in den

Urlaub!" Ich brauche schnell was zum Trinken. Wo ist der nächste Whiskey, damit ich das schnell wieder vergessse. Das kann nur ein böser Traum sein, das meint sie nicht wirklich ernst! Warum musste Tim ihr auch sagen, wohin wir fliegen und in welches Hotel wir absteigen?! Vielleicht hab ich mich ja auch nur verhört oder es klappt dann doch nicht. Ich werde abwarten und einfach hoffen.

Es ist soweit. Es geht zum Flughafen.Was ich innerlich noch als bitteren Scherz erhofft hatte, wird spätestens am Flughafen Realität. „Auf einen schönen Familienurlaub!" begrüßt uns Margot mit Norbert im Schlepptau. Was könnte schlimmer sein, als seine Schwiegereltern mit in den Urlaub zu nehmen? Genau das!! Das kann ja heiter werden!

Wir haben noch nicht richtig im Hotel eingecheckt, da plant Schwiegermonster den Reiseablauf. „Margot wie haben bereits unseren Urlaub schon geplant" versuche ich einzuwerfen. „Papalapap, sei nicht undankbar, sei froh, dass ich das für dich alles plane!" wirft sie mir entgegen. „Du willst doch den perfekten Familienurlaub, also lass ihn mich planen, dann wird alle perfekt!" Aus ihrem Mund klingt das wie Hohn. Und schon wieder ist dieses

Horrorwort gefallen: Familienanurlaub!

Es herrscht nun ein wenig Ruhe und wir können etwas entspannen. Lukas und Sophia lieben es am Strand zu spielen. Auch Sightseeing steht auf dem Plan. Doch egal, was wir unternehmen, sei es ein Tag am Strand, ein Ausflug fürs Sightseeing, überall findet Margot eine Möglichkeit zu nörgeln und zu meckern. Entweder essen die Kinder zu viel oder zu wenig Eis, sie haben zu viel oder zu wenig Sonnencreme am Körper etc. In der ersten Woche habe ich wirklich noch versucht, darüber hinwegzusehen und auch wegzuhören, doch jetzt in der zweiten Wochen geht es mir wirklich nur noch auf die Nerven. Keine Privatsphäre haben wir, da sie ständig um uns herumhocken.

Wie froh ich bin, dass der Urlaub morgen zu Ende ist. Doch wie Urlaub kam mir das nicht vor, eher wie die Hölle auf Erden am Meer und dafür musste ich auch noch Geld bezahlen! Schade eigentlich, dass es kein Verbot für solche Familienurlaube gibt. Oder eine Sperrung von Buchungen mehrerer Familienangehörige in einem Hotel. Bleibt nur zu hoffen, dass die Urlaubsbranche sich bald um diese Missstände kümmert, damit aus dem Horrorwort Familienurlaub schnell wieder ein schönes Wort mit Sonne, Spaß, Meer und gute Laune in Verbindung gebracht werden kann!

Ich weiß jedoch für das nächste Jahr, dass ich Margot erzählen werde, wir machen einen Bauernhofurlaub mit vielen Schweinen und Kühen und wenn sie dann da bucht, buche ich unseren Urlaub auf den Kanaren, jedenfalls weit weg von ihr! Soll sie sich dann mit den Schweinen und Kühen abgegeben und ihnen mehr Eis geben oder mit ihnen Sandburgen bauen. Mit mir nicht mehr!

# Oh du fröhliche, oh du schreckliche – und andere Festtage

Festtage, wie Ostern und Weihnachten, sind doch was Schönes! Die Familie kommt zusammen, es wird gefeiert, die Schwiegereltern sind dabei... Oh weh, da ist es wieder, das Wort, dass alles zunichte macht! Schwiegereltern. Immer wenn sie aufkreuzen kommt Ärger. Mich weckte genau dieser Traum. Es ging um das erste Weihnachten von Lukas. Noch vier Wochen, dann ist es soweit. Wird alles gut gehen? Was werden wohl wieder Margot und Norbert anschleppen, was werden sie mir an diesen schönen Tagen wieder alles antun? Ich kann mir jetzt schon denken, dass es zum Streit kommen wird. Ok, seit dem Urlaub ist meine Punkteliste angewachsen und ich habe die 500 überschritten, doch Weihnachten ist für mich heilig, da mag ich keinen Streit, sondern Ruhe.

Der Ärger beginnt meist schon, bevor die Feiertage beginnen. Es gibt zwei Eltern, die von Tim und meine. Beide unter einen Hut an Weihnachten zu bekommen, ist nicht immer einfach, daher haben wir Vereinbarungen getroffen. An Heilig Abend feiern nur wir, also Tim, Sophia, Lukas und ich. Am ersten Weihnachtsfeiertag wird mit den einen Eltern und am zweiten Weihnachtsfeiertag mit den anderen Eltern gefeiert wird. Klingt nach einer gerechten Verteilung. Doch schon geht's los, meist spielt Margot hier nicht mit. Wird sie erst am zweiten Feiertag eingeplant, ist sie sauer, warum meine Eltern am ersten kommen dürfen und sie nicht. Eigentlich findet sie es ja eh ungerecht, weil sie nicht an Heilig Abend ihre Enkel sehen darf. Ja warum eigentlich nicht? Warum bin ich nur so egoistisch und möchte sie nicht da haben? Mir wird jetzt schon schlecht, wenn ich daran denke. Ich weiß noch, wie es Ostern war. Es war der Horror und wenn das Weihnachten auch so wird, dann kann ich das Fest echt ausfallen lassen.

Ostersonntag wollten wir eigentlich mit unseren kleinen Familie verbringen, sprich Tim, die Kinder und ich. Nix Oma! Doch wer darf nun am Ostermontag kommen und wer hat das Pech an einem anderen Tag die Osterhasen zu bringen? Schnell kam es hier zu einem furchtbaren Streit, denn Margot wollte natürlich an diesem Tag bei uns sein. Ist ja auch selbstversändlich, dass die Oma da kommen kann, wenn sie schon nicht am Ostersonntag eingeladen ist. Dennoch wollte ich auch meine Eltern gerne mal sehen, da sie nicht allzu oft zu Besuch sind. Die einfachste Lösung für mich war daher, beide Eltern an diesem Tag einzuladen. Ob das jedoch so sinnvoll war, sei jetzt dahingestellt. Lustig war es, da sich unsere Eltern gegenseitig nicht leiden können. So war es sehr interessant beide gleichzeitig einzuladen. Es gab einen Streit, bereits bei den Osterkörben. Welche Oma durfte nun als erstes sein Geschenk überreichen. Den Kindern war es egal, doch Margot machte daraus gleich wieder ein Theater. Also durfte sie beginnen. Als meine Mama nun ein wenig mehr schenkte, blöckte Margot nur rum und meinte „Ich bringe die Tage noch etwas vorbei!" Dabei war ihr Geschenk mehr als genug. Soviel Schokolade und Spielzeug brauchen sie ja wirklich nicht. Aber Margot war da nicht von abzubringen und so brachte sie einige Tae später noch mehr Krimskram an.

Ebenso gibt es jedesmal Theater, wenn Sophia Geburtstag hat. Ok, sie ist jetzt erst 2,5 Jahre und Lukas fast ein Jahr, dennoch gibt es bereits ständig Streit darum. Noch sind sie ja klein, doch wenn Sophia größer ist, dann will sie nicht nur mit Oma und Opa feiern, sondern auch mit Freunden. Dass beides nicht so perfekt ist, weiß ich seit ihrem zweiten Geburtstag, als ich mir erlaubte Nachbarskinder einzuladen. Damit Margot und Norbert nicht ewig eingeschnappt waren, habe ich dann schnell noch einen weiteren Tage gefeiert, damit sie ihr Enkelkind nur für sich haben. Das kann die nächsten Jahre wirklich spaßig werden!

# Geschenke von der Schwiegermutter für die Schwiegertochter

Noch zwei Wochen bis Weihnachten. Ich treffe mich mit Steffi auf einen Kaffee. Das Weihnachtsshopping ist erledigt und auch schon alles verpackt. Wir unterhalten uns über das Thema Geschenke und so kommt auch die Frage auf, was Schwiegermutter mir denn so alles schenkt? Ich hatte erst Geburtstag und daher ist diese Frage sogar recht interessant. Was gab es gleich noch einmal? Während ich darüber noch nachdenke, kommen mir andere Gedanken zu diesem Thema. Nicht nur Tim und die Kinder haben Geburtstag, auch ich feier einmal im Jahr dieses freudige Ereignis. Leider komme ich hierbei nicht drumherum, meinen Schwiegerdrachen Margot einzuladen.

Zwar kann ich auf diesen Besuch eigentlich verzichten, doch aus Liebe Tim, lade ich sie dennoch ein. Das Interessante hierbei ist nicht das Genörgle und Gemeckere, die ganze Zeit über, sondern das wundervolle Geschenk meines Schwiegermonsters. „Jetzt fällt es mir wieder ein. Ich habe Handtücher, ein Duschbad und eine Kerze bekommen." „Wusstest du, dass je nach Beliebtheitsgrad, die Geschenke variieren können?" fragt mich Steffi. „Nein wusste ich

ich nicht." gebe ich zurück. „Zudem gibt es sogar eine Liste im Internet, schau mal, was so noch alles gerne von Schwiegermonstern geschenkt wird:

1. Duschgel

Jedes Jahr, zu allen Anlässen immer wieder das Gleiche! Davon kann ich auch ein Lied singen. Zumal ich immer das bekomme, welches so furchtbar riecht. Ist so ein biologisches, soll ja so gesund sein!

2. Kerzen (in allen Variationen)

3. Putzmittel

Das ist heftig, aber wohl auch ein Hinweis! Du brauchst eine Putzfrau, oder meinte Schwiegerdrache, dass ich mehr putzen sollen?!

3. Wein

„Wird gerne und viel geschenkt, wahrscheinlich sollen wir uns unter den Tisch saufen, damit uns niemand mehr sieht!" lacht Steffi. Ja das wird es wohl sein. Obwohl der Wein oft gut ist, denn Schwiegermutter hat wenigstens hier Geschmack und weiß, welche Sorte ich mag und welche nicht.

## 4. Schokolade

„Jaja, lasst uns nur Fett werden, damit sie wieder was zum Lästern hat! Oder hat sie die wieder mal geschenkt bekommen und wir erhalten die alte Schokolade vom letzten Jahr?" sage ich laut. „Wieso vom letzten Jahr?" fragt mich Steffi. „Ich habe mal Schokolade erhalten, die war bereits vor Monaten abgelaufen, die kann sie gar nicht neu gekauft haben" gebe ich zur Antwort.

## 5. Kleidung

Hässlich, hässlicher, am hässlichsten. Meist kommen genau diese Eigenschaften schön verpackt in einem Geschenkpapier daher!

## 6. Socken

Nicht schon wieder! Warum denn immer Socken? Möchte ich einen Sockenladen eröffnen?

## 7. Handtücher

Wer braucht noch Handtücher? Handtücher zu verkaufen! Das erste und auch das zweite Mal freut man sich noch über Handtücher, doch dann hört der Spaß auf, irgendwann hat man einfach genug davon im Schrank! Ich habe definitiv genug davon. Besonders seit meinem letzten Geburtstag ist die Ausbeute wieder größer geworden!

Egal, was es gibt, ich sollte froh sein, wenn sich Margot überhaupt dazu herablässt, mir ein einfallsloses Geschenk zu kaufen. Also bedanke ich mich höflichst und stelle es danach in Ebay rein! So habe ich mir schon eine Digitalkamera leisten können. Leichter kann ich wirklich kein Geld dazu verdienen.

Weihnachten steht nun vor der Tür. Wir schmücken den Baum und freuen uns auf die Bescherung, als es um kurz nach drei an der Tür klingelt. Wer steht denn nun schon wieder vor der Tür? Ich fasse es nicht, als ich Margot eintreten sehe. „Frohe Weihnachten!" ruft sie und kommt mit vollen Taschen ins Haus. „Ebenso" sage ich. „Was willst du hier? Wir hatten euch für morgen eingeladen?" „Ja schon, aber meine Enkelchen sollen doch heute schon die Geschenke bekommen. Wisst ihr," Margot dreht sich zu den Kindern „das Christkind hat ein paar Geschenke vergessen und sie bei uns abgegeben." Oh gott, was blöderes hätte ihr nicht einfallen können oder? Für wie blöd sollen die Kinder denn das Christkind halten? „Du hättest es ihnen auch morgen mitbringen können" sage ich.

„Aber, aber, es ist doch selbstversändlich, dass ich vorbei komme!" erwidert sie. Sie sieht Tim an und fragt: „Was gibt es denn bei euch heute zum Essen?" „Kartoffelsalat mit Wiener" antwortet er. „Du armer Junge! Nichts anständiges zu Essen und das an Weihnachten. Wollt ihr nicht alle bei uns essen?" „Danke Margot, aber wir haben schon was zum Essen!" sage ich. Doch Tim nickt bereits und beginnt die Kinder anzuziehen. Das darf doch nicht wahr sein. Jetzt versaut sie auch mein Weihnachten.

Erst will ich bockig zu Hause bleiben, doch ich will ja Sophia und Lukas das Weihnachten nicht verderben, also gehe ich schmollend mit. „Ach, ehe ich es vergesse, Lisa, hier ist dein Geschenk!" sagt Margot und reicht es mir. Als ich ese auspacke, finde ich zu meiner großen Freude Handtücher, Kerzen und Socken darin! Was für ein tolles Weihnachten! Hoffentlich werde ich die Sachen wieder bei ebay los!

# Männer, die armen Geschöpfe mittendrin!

Ich würde nicht mit meinem Mann tauschen wollen. Nein ich spreche jetzt nicht von den 140 Tage in seinem Leben, die er damit verbringt seinen Bart zu rasieren, oder davon, dass er es mit mir nicht immer leicht hat. Ich rede davon, dass er zwischen zwei Stühlen steht.

Auf dem einen Stuhl sitzt seine Mutter. Sie stichelt gegen mich und wirft ihm vor, nicht zu ihr zu halten. Margot möchte Verständnis für ihre Situation und möchte, dass er eingreift, wenn ich mich ihr gegenüber widersetzte. Ebenfalls erwartet sie von ihm, dass er immer für sie da ist, das heißt, seine Familie allein lässt, wenn sie ruft. Sie möchte mitmischen in der Familie und macht ihm das deutlich klar. Mit Schreien und wenn das nichts bringt, mit Heulen und Bitten. Tim lässt sich hier immer sehr schnell erweichen und gibt daher ständig nach. Genau das führt dann zu einem Streit zwischen uns, denn ich sitze symbolisch auf dem anderen Stuhl.

Auch ich habe einige Wünsche und Bitten an ihn. Er soll zu mir stehen und mich gegenüber seiner Mutter verteidigen. Er soll ihr nicht alles durchgehen lassen und sich auch einmal wehren. Ihr die Meinung sagen, wäre auch nicht schlecht. Ebenso sollte er Margot grenzen setzten und ihr sagen, dass sie sich nicht immer und überall einmischen soll.

Wünsche und Kritik auf beiden Seiten. Das ist wirklich zu viel für einen Mann, da ich mal gelesen habe, dass sie nur eine Sache erledigen können und nicht, wie wir Frauen Multitasking beherrschen. Doch wie wird Tim dieses Problem regeln? Wird er sich für eine Seite entscheiden? Ich stelle diese Frage Steffi und sie gibt mir folgende Antwort: „Wenn du letzteres hoffst, dann kannst du lange darauf hoffen, denn nur in den seltensten Fällen kommt dies vor, dass er sich für eine Seite entscheidet und auch ganz selten für die Ehefrau. Blut ist halt immer noch dicker als Wasser." Hat Steffi damit Recht? Wird es nie mal zu einer richtigen Einigung kommen?

Natürlich ist mir schon aufgefallen, dass wenn es Streit gibt, dass Tim gerne antwortet: „Ich möchte, dass ihr Frieden schließt! Vertragt euch und kommt miteinander aus. Ich halte zu euch beiden!" Frieden schließen. Für wie lange? Einen Tag, einen Monat oder doch mal acht Wochen? Wir versuchen es immer und immer wieder. Doch was passiert, wenn ich nicht mehr möchte? Geht dann Tim zu Geburtstagen alleine zu seinen Eltern, während ich daheim warte? Soll so unsere Zukunft aussehen?

„Frieden ist eine schöne Lösung, doch wir alle wissen, egal ob Schwiegerdrache oder Schwiegertochter, der nächste Streit steht schon in den Startlöchern und wartet nur auf den Startschuß! Siehst du das anders, Lisa?" unterbricht Steffi meine Gedanken. Ich nicke ihr stumm zu und mache mir Sorgen, wie das einmal enden wird. „Ich glaube, das kann dann nur eine Scheidung beenden. Sonst wird es wohl nie dauerhaft Frieden geben!

# Scheidungsstatistiken oder sie wollen nur das Beste!

Ich beschäfte mich zu Hause noch weiter mit dem Thema Scheidung und das im Zusammenhang mit der Schwiegermutter. Ok Margot kann wirklich nerven, doch deswegen gleich sich scheiden lassen? Ich gebe im Internet eine Suche auf, um herauszufinden, ob viele Ehen wirklich von der Schwiegermutter entzweit werden. Was ich hier finde, kann ich gar nicht wirklich glauben, dennoch sehe ich es schwarzaufweiß vor mir.

Experten schätzen, dass jede achte Ehe aufgrund einer bösen Schwiegermutter in die Brüche geht. Obwohl ich der Meinung bin, dass es wohl eher jede dritte Ehe ist, besonders, wenn es sich um die Mutter des Sohnes handelt. Wie bereits bekannt, sind die typischen Merkmale der Schwiegermütter: Nörgeln, sich überall einmischen und sie weiß immer alles besser und kommt immer zu den unpassendsten Gelegenheiten zu Besuch. Und das leider öfters als einem Lieb ist. Man kann zwar nicht sagen, dass die Schwiegermutter ihren Sohn bewusst vor das Scheidungsgericht bringt, doch meistens steckt dennoch eine gut gemeinte Absicht dahinter. Ab und an übernimmt sie sogar die Aufgabe und füllt schon mal das Formular aus. Warum es eigentlich  nicht viele weibliche Scheidungsrichter gibt? Oder sollte man einen Beruf als Scheidungsformularausfüller einrichten?  „Ich will doch nur das Beste für meinen Sohn!" diese Aussage wird man dann öfters hören, wenn eine Scheidung vollzogen wird.

Einmischungen in der Kindererziehung und in anderen Lebenssituationen ist schon in vielen Famillien Alltag geworden. „Deine Schränke haben es auch mal wieder nötig" oder „Die Wäsche hängt schon seit drei Tagen auf der Leine, sollen sie dort anwachsen?" Solche oder ähnliche Bemerkungen bringen das Fass dann zum Überlaufen. Der Mann steht schweigend daneben und wenn man sich darüber beklagt, dann heißt es nur: „Ach, das hat sie doch nicht so gemeint!" Und ob sie das so gemeint hat und wenn man mal nicht daheim ist, kann es sogar passieren, dass sie im Haus herum kruschtelt oder den Haushalt umräumt. Eigentlich sollten wir uns Schwiegertöchter darüber freuen, doch was ist schlimmer, als wenn das Monster unser heiligstes, nämlich unser Heim betritt? Genau das!! Einmischung in unser Leben!

Doch nicht das ist allein der Grund für viele Scheidungen, oh nein, es kann noch schlimmer werden und zwar, wenn sie mit gepackten Koffern einziehen will. Meist fängt es nur mit :"nur für ein paar Wochen" an und endet mit einem festen Zimmer im Haus. Und ehe man sich versieht ist sie der Herr im Haus. Freie Wochenenden ohne sie, sind undenkbar.

Da habe ich ja Glück, dass Margot bei uns einziehen wird, das wird wohl nicht geschehen. Also kann ich aufatmen, denn so ist eine Scheidung noch in weiter Ferne!

# Auf und Davon!

Es ist Samstag, ein ruhiger Tag, die Sonne lacht und Sophia und Lukas halten gerade ihren Mittagsschlaf. Ich bin gerade in der Küche und beseitige noch die Reste vom Mittagessen. Vielleicht sollte ich einen Kuchen für morgen backen, denn Zeit und Ruhe hätte ich gerade. Ich suche gerade die Zutaten zusammen, als das Telefon klingelt. Es wird wohl wieder Margot sein, immerhin hat sie sich heute noch nicht gemeldet. Tim geht ran und ich mische die Zutaten für den Teig.

Bereits fünf Minuten später ist der Kuchen im Ofen und Tim sieht zu mir in die Küche. „Meine Mama kommt gleich vorbei. Sie bleibt eine Weile bei uns." „Ok" antworte ich. Was soll ich noch sagen. Bin ja froh, dass sie vorher einmal telefonisch Bescheid gibt und nicht gleich vor der Tür steht. Ich freue mich auf den Nachmittag, auch wenn Margot da ist, denn ich habe endlich einmal Zeit für die Kinder.

Als der Kuchen fertig ist, ich ihn auf ein Rost gestellt habe, sehe ich Margot ankommen. Huch, was trägt sie denn da mit sich? Ich sehe genauer hin und kann es nicht so ganz fassen. „Hallo Mama" höre ich Tim seine Mutter begrüßen. „Komm rein, ich stelle das gleich einmal ins Gästezimmer. Nimm doch schon mal im Wohnzimmer Platz, ich bringe dir gleich einen Kaffee und Lisa hat Kuchen gebacken, davon bekommst du auch gleich ein Stück." Wie Kuchen? Ich glaube ich stecke noch in einem Schock. Der Kuchen war doch für morgen gedacht und was hat Tim da ins Gästezimmer gebracht? „Tim, der Kuchen ist noch heiß." sage ich, als er reinkommt und den Kaffee für seine Mutter brüht.

Plötzlich steht Margot in der Tür. „Nun wird alles besser, Tim. Jetzt kann ich mich um dich und um meine Enkel mich noch besser kümmern. Ab sofort musst du nicht mehr im Müll leben. Du wirst sehen, jetzt wird alles gut. Die Hemden werden gebügelt sein, die Wäsche immer frisch im Schrank und das Essen jederzeit warm auf dem Tisch." Ich glaube mich verhört zu haben. Hier stimmt doch etwas nicht. Tim nimmt seine Mutter in den Arm. Er nickt ihr zu. Ich ahne etwas.

Ich muss hier sofort raus. Ich verlasse die Küche, schnappe mir die Autoschlüssel und rufe noch „Ich muss weg, komme später wieder". Schon sitze ich im Auto und fahre los. Ich fahre und so recht weiß ich gar nicht, wo ich hin will. Einfach nur weg. Meine Gedanken arbeiten, nein sie verarbeiten eben das Geschehen und Gesagte von Margot. Ich achte gar nicht, wohin meine Reise geht, doch als ich einparke, merke ich, dass ich bei Steffi gelandet bin. Ja sie kann mir nun weiterhelfen. Ich bin verzweifelt, die Tränen steigen langsam empor und nur mit Mühe schaffe ich sie zurückzuhalten.

Mit weichen Knien verlasse ich das Auto. Ich stehe gleich vor der Tür, gleich bin ich gerettet, in Sicherheit. Ich klingel. Warum dauert das nur so lange, wo bleibt sie denn? Ich klingel und klingel. „Ist ja gut, ich komme. Nur die Ruhe, ich kann auch nicht fliegen!" höre ich Steffi von drinnen schimpfen. Dann endlich steht sie vor mir. „Lisa, was machst du denn hier? Ist was passiert?" „Hilf mir!" sage ich. „Ist ja gut, wobei soll ich dir denn helfen?" fragt Steffi. „Hilfe, meine Schwiegermutter zieht bei mir ein!"


Fortsetzung folgt in Nudelholz II

Auch, wenn dieses Buch für uns Schwiegertöchter doch sehr niederschmetternd ist, denn immerhin sind die Drachen uns oftmals überlegen. Dennoch haben wir uns bisher in dieser Schlacht gut geschlagen. Aufgeben sollten wir nie, aber es schadet auch nicht, ab und an einmal einen Kompromiss einzugehen, auch wenn es uns sehr schwer fällt.

Wer nur Streit mit dem Schwiegerdrachen hat, der geht irgendwann zu Grunde. Der Mann steht weiterhin mittendrin im Streit und wird so gut wie nie eine eigene Position beziehen, sodass es immer auch auf ihn ausgetragen wird. Dass dies nicht gut für die Ehe ist, kann man sich wohl denken.

Daher liebe, geplagte Schwiegertöchter: Gebt auch mal nach, auch wenn es noch so schwer fällt!

Dieser Rat geht jedoch nicht nur an die Schwiegertöchter, auch die Schwiegermütter sollten sich einmal zu Herzen nehmen, was sie eigentlich mit Ihrem Gezicke Ihrem Sohn und dessen Auserwählte antun.

Warum dieses Buch?

Mehr als 8 Millionen Menschen haben eine furchtbare Schwiegermutter. Oft kommt es zu größeren Streits, die teilweise sogar so weit führen, dass Beziehungen auseinander gehen. Dieses Buch soll helfen, die Dinge leichter zu sehen, und vieles mit Humor zu betrachten. Ein lustiges Spiel und andere Tipps sorgen dafür, dass man einen Streit mit der Schwiegermutter mit anderen Augen betrachtet. Ebenfalls macht es den Frauen Mut, die noch sehr unter ihrer Schwiegermutter leiden. Sie werden damit erkennen, dass sie nicht die einzigen sind, die so etwas durchmachen.

Durch viele Gespräche mit geplagten Frauen, ist dieses Buch entstanden, die sich schon auf die Veröffentlichung freuen und dadurch neuen Mut schöpfen.

An wen ist dieses Buch gerichtet?

Dieses Buch richtet sich nicht nur an die geplagten Schwiegertöchter, sondern auch an die Männer, sprich den Söhnen der Schwiegermütter. Auch sie sollen einmal sehen, was ihre Frauen so erleben und durchmache müssen. Ebenfalls richtet sich dieses Buch an alle Schwiegermütter, die noch nicht wussten, wie ihre Schwiegertöchter bestimmte

Handlungen von ihnen aufnehmen. Natürlich richtet sich dieses Buch auch an alle anderen, die gerne lesen und Satiren über alles lieben.

# Danksagung

Der erste Dank gebührt allen Schwiegermüttern auf dieser Welt, denn ohne sie, wäre dieses Buch nie entstanden.

Auch gilt der Dank meiner eigenen Schwiegermutter, die dieses Buch mit Humor aufgenommen hat.

Weitere Dankessagungen gehen an meinen Mann Reinhard und meine drei Kinder, die immer hinter mir standen und mir die Zeit zum Schreiben ermöglichten.

Auch die Mütter aus dem Mütterforum: Club-der-jungen-Mamis haben einen Dank verdient, denn dank ihrer Hilfe sind viele Ideen zu diesem Buch entstanden.

Und zu guter Letzt danke ich meinen Freunden: Sandra Kaiser, Daniel Hauke, Yvonne, Nici , Johanna und viele mehr, die mir mit Rat und Tat zur Seite standen. Auf das es bei euch die ebenfalls solch ein Monster zu Hause haben, von nun an besser wird!

# Über den Autor

Mein Name ist Bianca Mauche-Schmider und ich habe mein Hobby zum Beruf gemacht. Begonnen hat diese Leidenschaft bereits in der Schulzeit, als ich damit begann mein erstes Sachbuch zu schreiben. Bereits da merkte ich, dass Schreiben mein Leben ist und ich das einmal auch beruflich machen möchte.

Doch schnell wurde klar, dass sich ein Buch nicht über Nacht schreibt und so wurde ich erst im Jahr 2006 mit dem ersten Buch fertig. Da dies bereits erst nach meiner Schulzeit war, beschloss ich mich in der Krankenkasse niederzulassen, da diese auch mit meinem Buch gut zu vereinbaren war.

Als dann meine Tochter Emily auf die Welt kam, beschloss ich mich nun mehr dem Schreiben zu widmen und so konnte ich im Juli 2006 die Veröffentlichung meines Sachbuches "Raus aus der BE-Rechenfalle" (ISBN: 3833447265 BOD-Verlag) feiern.

Ab da ging es immer weiter bergauf. Ich schrieb nun weiter an einem Fantasy-Roman, bis ich dann durch Zufall auf ein Satire-Thema stieß, welches nun  endlich fertig gestellt wurde.

Zuvor kam noch das Buch „Bubble Tea" (ISBN: 3848207362) im Jahr 2012 über den BOD-Verlag in den Handel.

Auch in Zukunft werde ich in die Tasten hauen und Nudelholz II fertigstellen. Wer weiß, was in dieser Zeit noch für schöne Werke entstehen!